ESSAI

DE

POLITIQUE POSITIVE

PAR

Un disciple de COMTE

La Méthode de Politique positive.
I. — Son application aux principaux progrès
accomplis au cours de ce siècle par la démocratie.
II. — Les Lois d'évolution et les Doctrines
socialistes. — Conclusion.

VERSAILLES

IMPRIMERIE Vᴱ E. AUBERT

6, avenue de Sceaux, 6

—

1891

ESSAI

DE

POLITIQUE POSITIVE

ESSAI

DE

POLITIQUE POSITIVE

PAR

Un disciple de COMTE

La Méthode de Politique positive.
I. — Son application aux principaux progrès
accomplis au cours de ce siècle par la démocratie.
II. — Les Lois d'évolution et les Doctrines
socialistes. — Conclusion.

VERSAILLES

IMPRIMERIE Vᵉ E. AUBERT

6, avenue de Sceaux, 6

1891

AVERTISSEMENT

Comme le titre l'indique, cette étude a pour but d'appliquer les principes de politique positive depuis longtemps déjà formulés par Auguste Comte. Elle tend à montrer, suivant les règles tracées par l'éminent philosophe, comment la politique peut aboutir à des données positives, en s'appuyant comme les autres sciences sur la méthode expérimentale, et permettre ainsi de compléter les enseignements de l'histoire et d'en dégager toute l'utilité.

Ces principes de politique positive ont, comme le montre l'exposé sommaire fait au début de cette étude, un caractère très grand de généralité. C'est ce qui fait, sans doute, qu'on n'en saisit facilement toute la justesse que quand ils s'appliquent, comme dans la plupart des travaux si remarquables d'Auguste Comte, à des périodes historiques très étendues et au développement même de civilisations tout entières.

En limitant cette étude aux progrès faits au cours de ce siècle par la démocratie, on n'avait à s'occuper que d'une période historique assez restreinte ; mais les progrès faits en France depuis la Révolution ont été si nombreux en tous genres et il en est résulté dans l'organisation sociale tout entière de si profonds changements qu'il semble cependant que, puisqu'en suivant les principes de la méthode de politique positive on n'a en réalité à tenir compte du temps qu'en raison même de l'importance des réformes accomplies, on peut dès maintenant chercher à dégager de l'étude de ces réformes quelquesunes des plus importantes lois de l'évolution de la société actuelle.

Le but qu'on se proposait d'atteindre était dès lors, suivant les règles mêmes tracées par Auguste Comte, de voir tout d'abord quels avaient été les grands courants d'idées qui ont inspiré les principales réformes accomplies au cours de ce siècle, parce que, suivant le principe fondamental de sa méthode, c'est de la force sans cesse croissante ou décroissante de ces idées que résultent les lois de l'évolution sociale pour une époque déterminée. Et, comme ces lois d'évolution, quand elles ont été nettement constatées, sont vraies non-seulement pour le passé mais aussi pour le présent et l'avenir, on se trouvait finalement conduit, après avoir vu la route parcourue, à essayer de se rendre compte de celle qui reste encore à parcourir.

Cette étude s'est ainsi naturellement trouvée divisée en deux parties. Dans la première, où l'on pouvait directement s'appuyer sur la comparaison des faits accomplis, on a essayé d'en dégager quelques-unes des plus importantes lois de l'évolution de la société actuelle. Dans la seconde, on avait à s'occuper non plus des faits, mais des projets de réformes et des idées nouvelles, qui donnent toujours lieu à des appréciations si contradictoires.

Pour essayer de faire voir de quel secours pouvait être alors la connaissance des lois de l'évolution sociale, on s'est contenté d'analyser quelques-unes des théories, qui caractérisent le mieux pour le moment les aspirations et les besoins de la démocratie. En comparant ces théories aux lois d'évolution précédemment constatées, on a pu par là même chercher non pas à prévoir les événements (ce qui, dans la vie des peuples bien plus encore que dans celle des individus, sera toujours manifestement rendu impossible par la complexité des faits), mais du moins à essayer de préciser quels sont actuellement parmi les projets de réformes les plus en vogue ceux dont on devrait surtout s'occuper.

En raison même de leur conformité avec les lois de l'évolution sociale, on peut en effet conclure qu'ils répondent, dès maintenant, sinon à toutes les aspirations du moins aux véritables besoins, et qu'ils arriveront par suite forcément tôt ou tard à s'imposer.

Si donc, au lieu de les combattre aveuglément, comme on le fait malheureusement si souvent, on cherchait au contraire à en faciliter la réalisation par les mesures de transition nécessaires, bien des tentatives funestes et bien des bouleversements inutiles pourraient sans doute être évités.

Et l'on voit par là même quel beau et utile rôle la politique positive semble appelée à jouer, quand elle sera enfin devenue, comme les autres sciences, vraiment maîtresse d'elle-même.

Pour ne pas donner à cette étude de trop grands développements, on n'a pas cité intégralement les nombreux passages des auteurs sur lesquels on s'est appuyé. En prenant le parti de les citer textuellement, il aurait fallu, comme à l'ordinaire, pour les expliquer, les faire suivre de longs commentaires ; et on risque alors tout autant d'en dénaturer la pensée qu'en se contentant, comme on l'a fait, de les résumer brièvement et d'en donner une sorte d'analyse.

On se rapproche ainsi davantage de la méthode des sciences expérimentales, tout en conservant en réalité la même valeur documentaire aux idées, qui seules, suivant les principes de la méthode de politique positive, peuvent servir de données.

Ces extraits, qui se trouvent surtout au commencement et à la fin de cette brochure, sont d'ailleurs imprimés en caractères plus fins ; et ils pourront ainsi être facilement distingués des autres parties du texte, qui renferment des appréciations d'un caractère plus personnel.

CHAPITRE PRÉLIMINAIRE

La Méthode de Politique positive

C'est, en réalité, au traité de Politique positive d'Auguste Comte qu'il faut remonter, pour trouver en politique les principes d'une méthode vraiment scientifique et positive, mis pour la première fois en pratique.

Mais l'œuvre de l'éminent philosophe, si remarquable par sa hauteur de vue et son originalité, est cependant si considérable ; il a remué tant d'idées et touché à tant de matières qu'il serait bien difficile d'en dégager un exposé sommaire des principes de sa méthode, qui en rende l'application facile, s'il n'avait pris lui-même la peine de le faire.

Cet exposé de principes, que tant d'écrivains et tant de personnages politiques des plus éminents ont déjà su mettre à profit, mais le plus souvent sans en avouer l'origine, se trouve dans le troisième appendice du IVᵉ volume de la Politique positive.

C'est ce chapitre qu'on s'est contenté de résumer et d'analyser, dans les extraits suivants, pour en dégager les principes qui serviront de base à cette étude.

... L'organisation sociale ne doit être considérée ni dans le présent ni dans le passé, indépendamment de l'état de la civilisation, parce qu'elle en est une résultante nécessaire...

... La civilisation est assujettie dans son développement progressif à une marche naturelle et irrévocable, à une évolution qui dépend des lois mêmes de l'organisation humaine, et qui est indépendante de toutes les combinaisons politiques, parce qu'elle les domine. L'esprit humain suit, en effet, dans le développement des sciences et des arts, une marche déterminée, supérieure aux plus grandes forces intellectuelles, qui n'apparaissent pour ainsi dire que comme des instruments destinés à produire à temps nommé les découvertes successives...

... Les hommes qui ont dominé leur époque l'ont fait parce que, guidés par leur génie, ils ont vu quels étaient les changements qui tendaient à s'effectuer, d'après la marche même des progrès de la civilisation. Ils ne sont, en réalité, comme l'a dit Mᵐᵉ de Staël, que les acteurs de la pièce...

... Tout le pouvoir de l'homme réside dans son intelligence, qui lui permet, grâce à l'observation, de prévoir quels sont les progrès qui sont réalisables, et de faire alors concourir les forces naturelles extérieures au but qu'il se propose d'atteindre.

Toute action politique produira donc un effet réel et durable, si elle s'exerce dans le même sens que la marche de la civilisation. Si elle agit en sens contraire et si elle a un caractère rétrograde, forcément l'action exercée sera nulle ou éphémère.

L'action politique dépend tellement pour être efficace de la marche de la civilisation que, si elle se proposait de trop la devancer, bien qu'agissant dans le même sens, elle échouerait; parce qu'elle ne serait plus en rapport avec les besoins actuels. C'est ce qu'ont prouvé les tentatives de réformes faites par Joseph II en Autriche au siècle dernier....

... La politique doit donc, comme les autres sciences, se

baser sur l'observation, et son principal but doit être de rechercher quels sont, d'après la marche de la civilisation, les changements qui tendent à s'effectuer. Elle peut ainsi parvenir à éviter les révolutions violentes, en démontrant aux classes que leurs préjugés ou leurs intérêts aveuglent et portent à lutter contre les grandes lois de l'évolution sociale, quelle doit être fatalement l'inanité de leurs efforts.

Plus la politique sera devenue une science positive, plus ce résultat sera facilement atteint. Les ambitions et les intérêts qui lui sont opposés pourront toujours sans doute, sous l'action des passions humaines, refuser de se soumettre à la marche de la civilisation. Mais les classes ascendantes, sachant que fatalement cette opposition sera brisée, et voyant clairement le but qu'elles doivent atteindre, sauront patienter. Elles auront toujours, en effet, forcément le dessus, parce que les forces réelles agissant en leur faveur deviendront de plus en plus grandes et l'emporteront sur les forces opposées, par cela même que les perfectionnements nécessaires arriveront à maturité...

... La donnée fondamentale de la politique positive, donnée véritablement pratique et générale, est donc la détermination de la tendance de la civilisation.

Cette détermination doit-elle se rapporter uniquement à l'état présent? Ce serait vouloir envisager la politique d'une manière trop étroite. De même que dans la physiologie on n'est arrivé à bien connaître l'organisation humaine que depuis qu'on a pu comparer cette organisation à celle des autres animaux et à l'ensemble des corps organisés; de même, pour avoir des idées justes en politique et arriver à la connaissance des besoins réels qui caractérisent la tendance de la civilisation, il faut connaître non seulement son état présent (car il ne suffit pas d'un terme pour établir une loi), mais pouvoir encore le comparer aux états antérieurs. Alors, en étudiant dans leurs rapports communs les situations analogues, on pourra en dégager un fait, qui, s'il s'est trouvé vérifié plusieurs fois dans les mêmes circonstances, pourra conduire à établir la loi à laquelle il est soumis.

Les conditions de l'expérience sont forcément, il est vrai, toujours un peu modifiées dans la suite des temps, en raison même des progrès de la civilisation; mais, si les faits ne se reproduisent pas identiquement les mêmes, comme dans les sciences physiques et naturelles, il n'en résulte pas pour cela qu'ils ne soient pas aussi soumis à des lois. Si l'on peut, en effet, arriver à constater par les enseignements de l'histoire qu'à partir d'un certain moment la solidité d'une institution ou l'influence exercée par un principe ont toujours été soit en augmentant, soit en diminuant, on pourra par là même prévoir, avec une presque complète certitude, quel est le sort qui leur est finalement réservé; car, de la série d'observations faites, la loi qui les gouverne pourra se dégager.

En effet, si, à partir d'un moment donné, la solidité de cette institution, la force de ce principe, tendent sans cesse à s'accroître, on peut logiquement en conclure que leur action s'exerce dans le sens de la marche de la civilisation, et que, par suite, forcément, elle finira par prédominer; mais, si elle tend sans cesse à diminuer, c'est qu'elle s'exerce en sens contraire, et alors elle est fatalement destinée à disparaître.

On peut ainsi arriver, par l'observation et la comparaison des divers états de la civilisation, à dégager ses véritables tendances. En suivant cette méthode, on s'appuie sur les faits historiques, et non plus, comme on l'a surtout fait jusqu'à présent en politique, sur les opinions et sur les doctrines, qui sont toujours si contradictoires.

La politique, à laquelle on a justement donné le nom de science sociale, devient ainsi vraiment une science expérimentale, qui, au lieu de se réduire à de perpétuels sujets de discordes, peut se proposer un noble but, celui

d'exercer sur le présent comme sur l'avenir des sociétés une bienfaisante action, en mettant à profit les
enseignements du passé.

... On peut donc conclure de ces considérations, que
les enseignements de la politique positive doivent être
presque en totalité tirés de l'observation du passé. Pour se
conformer aux préceptes de cette science nouvelle, on
n'a pas à s'inquiéter, comme on l'a trop souvent fait jusqu'à présent en politique, de la recherche plus ou moins
utopique de la meilleure forme de gouvernement. Ce
qu'il faut essayer de découvrir, ce sont les véritables besoins de l'organisation sociale.

On aboutira ainsi à un système, qui sera forcément le
meilleur de ceux qui peuvent alors être appliqués, par
cela même qu'il sera le plus conforme à l'état de la civilisation.

Il n'y a pas, en effet, de régime politique absolument préférable à tous les autres; il y a seulement des
états de civilisation plus perfectionnés les uns que les
autres. Les institutions, bonnes à une époque, peuvent
être et sont en réalité le plus souvent mauvaises à une
autre, comme l'a d'ailleurs prouvé l'esclavage dans l'antiquité...

... Peut-on cependant espérer, en considérant non plus
la théorie mais la pratique, que, parce qu'un système
est en harmonie avec la marche de la civilisation, il arri-
vera de lui-même à s'imposer ? Ce serait nier l'efficacité
de la science sociale ; mais ce serait aussi compter sans les
préjugés et vouloir nier de parti pris l'influence des passions humaines, toujours si prépondérantes en politique.
Et on peut d'autant moins le faire que, pour qu'un progrès, une réforme puissent être réalisés, ce sont précisément ces passions sur lesquelles il faut agir.

C'est ce que comprennent les hommes politiques qui
se rendent bien compte des besoins de leur époque. Sa-

chant que les réformes nécessitées par l'état actuel de la
civilisation seront bientôt forcément appelées à se réaliser, ils n'agissent sur les passions que pour prendre
avec habileté l'initiative de ces réformes. Ils sont alors
eux-mêmes portés par le courant, et ils réussissent à
vaincre tous les obstacles ; pendant que ceux de leurs ri-
vaux, qui dans leurs projets de réformes se sont livrés
aux hasards de l'invention, n'aboutissent forcément, malgré les meilleures intentions, qu'à des systèmes pour le
moment irréalisables et rendus même dangereux, par
les inutiles bouleversements qu'ils entraîneraient fatalement...

... Étant donné, qu'il faut ainsi chercher avant tout en
politique à bien connaître l'état de la civilisation, en se
basant sur les enseignements de l'histoire, comment cependant faut-il procéder en pratique, pour se conformer
aux règles de la méthode positive ?

Comme dans les sciences naturelles, où les savants,
pour se reconnaître au milieu de classifications des plus
étendues et des plus compliquées, les ont fondées sur des
rapports réels et non sur des rapprochements factices. Il
faut, pour faire vraiment profiter les enseignements de l'histoire à la politique, beaucoup moins chercher à s'en tenir à
l'ordre chronologique que s'efforcer de trouver les rapports naturels des faits, en comparant entre elles les différentes époques de la civilisation. Ce n'est qu'ainsi qu'on
peut parvenir à déterminer, par l'observation du passé, les
principes du système social, qui est le mieux en harmonie
avec la marche de la civilisation. La politique positive se
base essentiellement sur une bonne coordination des faits
résultant de leur comparaison, et non pas uniquement,
comme on s'est contenté de le faire jusqu'à présent, sur
leur connaissance abstraite et sur leur simple énumé-
ration.

Si l'on se propose, par exemple, de faire l'histoire d'une

époque, pour en tirer des enseignements vraiment utiles
en politique, on devra donc, en se rapprochant le plus
possible de la méthode des sciences exactes, commencer
par donner un aperçu général de l'histoire de la civilisation à l'époque que l'on étudie. On basera sur cet aperçu
les divisions principales du sujet; puis les divisions secon-
daires, qui résulteront du groupement des faits ayant
entre eux un rapport commun, offriront ensuite des
aperçus de plus en plus précis.

Si, par exemple, l'on s'occupe de l'histoire moderne,
on peut d'abord, pour coordonner les faits historiques,
s'en tenir à une grande division basée sur la distinction
entre ceux qui se rattachent aux idées de l'ancien régime
et ceux qui sont les conséquences des idées de la Révolution; les premiers, résultant de la vieille organisation
féodale et militaire, qui dérive elle-même de la croyance
au surnaturel et du système hiérarchique sorti de la
conquête; les seconds, qui se rattachent au contraire au
mouvement de l'émancipation populaire, aux idées philosophiques, à tous les progrès scientifiques et industriels
et qui ont pour but, non plus la conquête, mais la production. Les sous-divisions, conçues dans le même esprit que
la division principale, présenteront une sorte de parallèle
entre les réformes effectuées sous l'influence de ces deux
grands courants d'idées.

L'écueil, en cette matière, est de trop se laisser influencer
par la philosophie critique du XVIII° siècle, et d'en venir
à condamner de parti pris le passé, sans se rendre compte
que des institutions, peut-être mauvaises maintenant,
étaient bonnes cependant, parce qu'elles répondaient aux
besoins d'une autre époque. Il ne faut, en principe, ni
approuver ni blâmer, mais s'efforcer de conserver dans
l'étude des faits autant de sang-froid qu'en ont les chi-
mistes et les physiciens dans leurs observations. Pour
que la marche progressive de la civilisation ne ressorte
pas comme un effet sans cause, il faut soigneusement

éviter de jeter le blâme ou de négliger des systèmes entiers d'institutions et d'idées, qui, qu'on le veuille ou non, n'en ont pas moins exercé à un moment donné une grande et légitime influence. Il faut, au contraire, avoir toujours présente à l'esprit cette idée, d'ailleurs rigoureusement vraie, que les institutions sont toujours, à une époque déterminée, aussi parfaites que le comporte l'état de la civilisation...

... En se proposant de mettre ainsi en pratique les enseignements de la méthode positive peut-on espérer trouver un secours efficace dans les autres sciences ? On ne peut évidemment songer, comme on l'a fait pour les sciences naturelles, à s'appuyer sur les mathématiques ou les sciences exactes, par cela même qu'elles deviennent tout à fait impraticables, quand il s'agit de phénomènes un peu complexes.

On a cherché, dans un autre ordre d'idées, à faire de la politique une dépendance de la physiologie; mais cette méthode est aussi vicieuse, parce qu'on n'y tient pas assez compte du passé. Il s'agit non pas d'étudier l'espèce humaine indépendamment du milieu, mais bien au contraire les divers états de la civilisation, qui subissent essentiellement les influences de ce milieu et se modifient à chaque génération.

D'ailleurs, on ne peut guère, à l'aide de la physiologie, qu'espérer parvenir à déterminer les principes généraux de la civilisation les plus conformes à la nature humaine, et la connaissance de ces principes ne donne guère à la politique un but pratique. Ce qu'il lui faut surtout, pour qu'elle n'aille pas se confondre avec la métaphysique, ce sont non pas de pures spéculations, mais bien des indications précises sur le degré de civilisation obtenu, afin qu'on puisse non-seulement juger de la route déjà parcourue, mais aussi essayer de voir quelle est celle qui reste encore à parcourir.

Il faut donc, au lieu de chercher à rattacher la politique aux autres sciences, y voir au contraire une science distincte, une sorte de physique sociale traitant des phénomènes relatifs au développement de l'espèce humaine, ayant pour moyens d'observation l'étude et la comparaison des faits dans le passé, et se proposant d'aboutir, comme conclusion, à la détermination des réformes à accomplir.

Comme moyens de vérification, la science sociale pourra contrôler les termes de comparaison pris dans le passé, par l'étude des civilisations des divers peuples actuellement existants. Là se reproduisent, en effet, simultanément les mêmes phénomènes, que ceux qui se sont déroulés aux diverses périodes d'une même civilisation pendant l'enchaînement des temps. Cette science pourra aussi baser de justes prévisions sur les phénomènes, auxquels donne lieu la reproduction des faits, qui à diverses époques ont contribué à arrêter la marche de la civilisation. Comme les maladies qui viennent, dans l'espèce humaine, troubler le cours normal de la vie, les accidents qui viennent périodiquement altérer la marche des phénomènes sociaux, en font aussi par là même mieux ressortir les lois naturelles...

Après avoir ainsi cherché, d'après l'exposé même des doctrines d'Auguste Comte, à bien se pénétrer des principes de la méthode de politique positive, on va maintenant essayer de les mettre en pratique, en s'attachant, comme on se l'est proposé, à l'étude des progrès accomplis au cours de ce siècle par la démocratie.

On vient de voir que le but que cherche à atteindre la politique positive n'est pas uniquement d'étudier les réformes en elles-mêmes comme le ferait l'histoire. Elle ne s'attache à l'étude des lois et des institutions, par lesquelles les réformes se manifestent, que pour chercher à suivre, dans leurs développements successifs, les idées ou les principes qui les ont inspirées, et pour parvenir ainsi à déterminer ces grandes lois de l'évolution historique qui, comme le dit Auguste Comte, permettent de relier l'avenir au passé.

Cette étude se trouvera donc tout naturellement divisée en deux parties, comme on l'a précédemment indiqué dans l'avertissement. Dans la première, on cherchera à étudier, dans leurs principes mêmes, les principaux progrès accomplis au cours de ce siècle par la démocratie, pour arriver finalement à comparer les résultats obtenus et à déterminer quelques-unes des principales lois d'évolution auxquelles ils ont été soumis.

Dans la seconde, on essaiera de faire ressortir toute l'utilité des enseignements de la politique positive, en montrant quelles sont, dans quelques-uns des systèmes politiques et des projets de réformes les plus connus, les idées qui, en raison même de leur conformité avec les lois d'évolution précédemment constatées, tendront forcément à s'imposer, et qui méritent le plus par suite d'être étudiées.

PREMIÈRE PARTIE

PRINCIPALES LOIS

DE

L'ÉVOLUTION SOCIALE ET POLITIQUE

DE LA DÉMOCRATIE

CHAPITRE PREMIER

Origine de la lutte entre l'ancien et le nouveau régime

Pour appliquer à l'étude des progrès accomplis au cours de ce siècle par la démocratie les règles de la politique positive, il ne suffit pas, comme on vient de le voir, d'étudier dans ses conséquences historiques la lutte entre les idées nouvelles et celles de l'ancien régime. Il faut aussi remonter aux principes des réformes et aux idées qui.les ont inspirées; et on ne peut le faire qu'en étudiant tout d'abord cette lutte dans ses causes et dans ses origines.

On sait qu'on trouve aux origines de notre histoire une aristocratie militaire fortement constituée. Des seigneurs possèdent les terres et avec elles ceux qui les habitent. Un seigneur est le vassal d'un autre qui est son suzerain. Ce seigneur suzerain est lui-même le vassal d'un autre seigneur plus puissant, et ces liens réciproques s'étendent jusqu'au roi dont tous les seigneurs sont vassaux.

Le peuple est au bas de cette hiérarchie; c'est l'ensemble de ceux qui, sans être suzerains de per-

sonne, sont soumis à des obligations de vasselage. Ce
sont ces obligations qui vont, pour les serfs, jusqu'aux durs liens du servage, dont le peuple essaie
de s'affranchir pendant toute la durée de l'histoire
de France jusqu'à la Révolution. Ce sont ces efforts
continuels qui devaient aboutir, au siècle dernier, à
de si profondes modifications dans l'organisation
sociale et politique, qui marquent les différentes
phases de la lutte entre l'ancien et le nouveau régime.

C'est d'abord par le clergé, formé en majorité de
gens sortis des dernières classes de la société, que le
peuple commence à s'élever. L'Eglise, qui a presque exclusivement le privilège de l'instruction pendant toute la durée du moyen âge, parvient, grâce
à elle, à acquérir une grande influence non seulement religieuse, mais politique. Elle est ainsi la première à faire pénétrer l'égalité dans les mœurs ; car
l'ancien serf devenu prêtre peut, en parlant au nom
de Dieu, marcher de pair avec les seigneurs et les
rois.

Le besoin de lois ne tarda pas aussi à se faire
sentir, provoqué par l'ignorance et l'arbitraire des
seigneurs. Les rois eurent alors recours aux légistes,
qui sortirent le plus souvent des rangs du peuple
pour aller siéger dans les Cours de justice à côté des
barons.

On sait quelle influence considérable ont aussi
exercée les émancipations successives des communes,
sur les progrès de l'affranchissement des classes populaires. Les habitants de beaucoup de villes et de

bourgs parvinrent, soit en se révoltant contre leurs seigneurs, soit moyennant des redevances, à s'affranchir de leur domination. Les rois, de leur côté, se montrèrent favorables à ces émancipations, parce qu'ils eurent souvent besoin de trouver dans le peuple un appui contre les révoltes et les exigences des seigneurs. Ils accordèrent facilement dans leurs domaines les droits de bourgeoisie, qui, en étendant leurs droits de juridiction propre, augmentaient par là même le nombre de ceux qui leur étaient directement soumis. Il parvint ainsi peu à peu à se former dans l'ancienne France, sous ce nom de bourgeoisie, une classe nouvelle dont l'accès devint de plus en plus facile, et dont la puissance ne fit sans cesse qu'augmenter.

Dans le même sens que ces influences politiques, agissent aussi les Arts, les Lettres, les Sciences, qui, pendant la Renaissance, prennent de si grands développements. Une nouvelle force sociale, l'Intelligence, peut dès lors entrer en jeu ; et elle va permettre à de nouvelles couches sociales de lutter efficacement contre les privilèges uniquement dus à la naissance et à la fortune.

A côté des Sciences et des Arts, l'Industrie et le Commerce tendent aussi puissamment à permettre au peuple de s'élever. Les bourgeois s'associent, forment de puissantes corporations, et leur influence devient dans les villes de plus en plus prépondérante, à mesure qu'augmentent leur nombre et leurs richesses.

La royauté ne pouvait qu'encourager les progrès de la bourgeoisie, puisqu'elle se trouvait naturellement alliée avec elle par une communauté d'intérêts, basée sur le mutuel appui que toutes deux pouvaient se prêter dans leurs luttes contre la féodalité. Aussi, voit-on dans l'histoire cette alliance se prolonger aussi longtemps qu'elle eut sa raison d'être, en répondant à son double but. C'est elle qui a permis à la bourgeoisie de s'élever jusqu'aux plus hautes classes de la société, et aux rois de France de conserver la couronne dans leur famille, en tenant tête à leurs grands vassaux.

Ce but, vers lequel se fit pendant tant de siècles l'évolution de l'ancienne société, devait cependant finir par être atteint, en raison même de la marche de la civilisation. C'est ce qui arriva quand la monarchie eut définitivement triomphé de la féodalité. La même communauté d'intérêts ne subsista plus alors entre la royauté et la bourgeoisie. N'ayant plus aussi besoin d'elle la royauté crut pouvoir définitivement se passer, pour gouverner, de l'appui de sa vieille alliée, et c'est alors qu'elle devint absolue.

Le pays eût alors été arrêté dans son développement s'il avait pu en être ainsi en réalité, et si les grandes lois du progrès ne dominaient pas toutes les institutions humaines. La royauté avait bien pu triompher de la féodalité parce que cette organisation, qui n'était plus en rapport avec les nouveaux besoins de la société, subissait depuis longtemps une loi de décroissance ; mais contre le peuple et la bour-

geoisie, elle allait bientôt être impuissante à lutter.
Le mouvement ascendant de ces classes allait forcément se continuer, parce que, s'il avait été facilité
par l'alliance de la monarchie, il était aussi dû à des
causes plus profondes. Les forces qui allaient l'emporter, c'étaient ces aspirations d'émancipation et
de liberté, qui résultaient des développements du
commerce et de l'industrie, et des progrès mêmes
de la civilisation. Au lieu de chercher à arrêter ces
forces dans leur expansion, il fallait au contraire
essayer de la faciliter. C'est ce que tarda trop à comprendre la royauté; et c'est ce qui devait fatalement
amener la Révolution.

Pour se rendre suffisamment compte du véritable
caractère de la Révolution et des origines de la lutte
qui allait s'engager entre les idées nouvelles et celles
de l'ancien régime, il ne suffit pas d'en indiquer
les causes essentiellement politiques. Il faut aussi
faire une grande part à l'influence exercée par les
idées philosophiques.

La Révolution française n'a pas été uniquement,
comme dans le siècle précédent en Angleterre, une
révolution politique ayant pour but de satisfaire les
revendications du peuple, en lui accordant une part
d'autorité dans le gouvernement. Elle a aussi cherché, en s'inspirant des doctrines des philosophes du
XVIIIᵉ siècle et en se plaçant au point de vue humanitaire, à donner des bases nouvelles à l'organisation des sociétés. C'est ainsi qu'elle a été conduite à
proclamer ces principes d'égalité et de liberté, qui,

par leur caractère de généralité même, purent si promptement se vulgariser et devenir partout en Europe la base de l'organisation nouvelle des sociétés.

Il faut donc tout d'abord, pour bien se pénétrer de l'esprit des réformes qui allaient être réalisées, chercher à voir quelles étaient l'origine et la signification de ces principes, qui ont justement pu servir à symboliser en trois mots, liberté, égalité, fraternité, l'œuvre que la Révolution allait accomplir.

Une conception fondamentale qui devait être la source d'un puissant courant dans les idées modernes fut celle qui posa en principe que, tous les hommes ayant des obligations à remplir envers la société, il devait en retour, quand ils remplissaient ces obligations, en résulter pour eux des droits.

Cette idée, bien qu'ayant son fondement dans les sentiments de justice qui ont été de tous temps inhérents à la nature humaine, et bien qu'elle eût par suite été pressentie et même formulée par d'éminents philosophes de l'antiquité, n'avait jamais pu encore être mise en pratique. Des états de civilisation qui faisaient de l'esclavage une nécessité étaient par trop en contradiction avec elle. L'Église, qui avait aussi fait de l'égalité un de ses dogmes, s'était contentée de la proclamer devant Dieu, au jugement dernier, se voyant impuissante à la réaliser sur cette terre. Les sociétés modernes ne firent ensuite à leurs origines que secouer le joug de l'empire romain pour retomber sous la dure domination de la féodalité ; et, cette organisation basée sur des principes d'hié-

rarchie et d'autorité absolument contraires aux idées
d'égalité, de liberté, devait forcément pendant longtemps encore en arrêter l'expansion.

Mais on a vu précédemment qu'après bien des
siècles grâce aux progrès de la civilisation, l'égalité
était parvenue à exister, sinon en droit du moins en
fait, pour certaines fractions des diverses classes de
la société. Les descendants des anciens serfs devenus
bourgeois, prêtres, magistrats, s'aperçurent alors
surtout qu'ils n'avaient pas encore pu s'élever jusqu'à elle; que, si la noblesse avait autrefois rendu et
rendait encore de grands services en combattant
pour la défense du pays, eux aussi en rendaient
maintenant et de plus grands encore, puisque, tout
en versant aussi pour lui leur sang au besoin, ils
supportaient, en outre, presque exclusivement le
lourd fardeau des impôts. Beaucoup d'entre eux
furent ainsi conduits à penser que les charges et les
obligations ne devaient pas toujours rester d'un côté,
les privilèges et les droits de l'autre.

Les philosophes du xviiie siècle n'avaient plus
qu'à préciser ces aspirations d'égalité sociale, en les
rattachant à l'idée de liberté, pour créer le grand
courant d'idées de la Révolution.

C'est alors que les anciennes théories philosophiques des Grecs et des Romains furent reprises par
d'éminents écrivains. Au lieu de recourir au dogme
de la révélation pour expliquer la nature humaine,
ils lui assignèrent un rôle, en se basant uniquement
sur des données métaphysiques. Ils virent dans la

raison le plus noble privilège de l'homme, et ils lui reconnurent comme principal attribut la faculté d'opter entre le bien et le mal, ou libre arbitre.

C'est sur cette notion, étendue aux rapports de l'homme avec la société, qu'ils basèrent les principes de liberté. Ils démontrèrent dans leurs écrits que la société peut reconnaître en principe à chacun le droit de faire ce qu'il veut, autant du moins qu'il respecte les lois, destinées à sauvegarder les intérêts généraux. La liberté ressortait ainsi comme la faculté d'user de ses droits, en remplissant ses devoirs de citoyen.

On voit, dès lors, comment les philosophes et après eux les révolutionnaires qui mirent leurs doctrines en pratique, purent, en partant de ces principes, répondre aux aspirations de ceux qui voulaient remédier aux injustices et aux trop grandes inégalités sociales. Puisqu'ils reconnaissaient comme conséquences des idées de liberté et des prérogatives de la nature humaine que chacun avait des droits à exercer et des devoirs à remplir, ils furent naturellement conduits, en alliant les idées d'égalité et de liberté, à revendiquer pour tous mêmes devoirs et mêmes droits.

A ces idées de liberté et d'égalité, la Révolution devait aussi rattacher l'idée de fraternité. En politique cependant, et même en philosophie c'est plutôt un sentiment qu'un principe ; mais cette idée put justement servir à symboliser les tendances humanitaires de l'époque et permettre ainsi de compléter la

belle devise de la Révolution : liberté, égalité, fraternité.

Les aspirations du peuple se trouvaient ainsi résu-
mées en trois mots. Il avait, dès lors, une formule et
des principes au nom desquels il allait pouvoir exercer ses revendications.

On va essayer de voir dans les chapitres suivants
où elles ont abouti, en sortant des généralités pour
étudier dans leurs principes mêmes, suivant les règles
de la méthode positive, les principales réformes accomplies.

CHAPITRE II

La Révolution et les origines
de la Démocratie

On ne peut essayer de suivre pas à pas dans cette étude tous les changements qui, dans l'ordre social comme dans l'ordre politique, devaient résulter de l'application des idées nouvelles. Pour ne pas assumer une trop lourde tâche, on ne pourrait s'attacher qu'aux faits les plus importants, et on ne ferait ainsi que résumer une fois de plus inutilement l'histoire même de la Révolution, déjà si souvent faite par tant d'éminents historiens.

Là n'est pas le but qu'on se propose et tout autre d'ailleurs est celui qui est indiqué dans les préceptes de politique positive qu'on a précédemment exposés.

Après avoir vu quels étaient les grands courants d'idées dont allait sortir la Révolution, il reste maintenant, pour suivre ces enseignements, à grouper par périodes les principales réformes, et à essayer de bien les coordonner en les rattachant à un même ordre d'idées. On pourra ainsi plus facilement en-

suite les comparer entre elles, pour se rendre finalement compte des lois suivant lesquelles les principaux progrès ont été accomplis.

On était ainsi conduit à chercher des subdivisions
se rattachant à la division principale, celle des
idées nouvelles et des idées de l'ancien régime. On
ne pouvait mieux faire dans ce but, que suivre encore
l'une des divisions souvent employées par Auguste
Comte et qui par son caractère même de généralité
peut s'appliquer à toutes les époques, celle qui fait
d'un état de civilisation la résultante de ce que sont
pris séparément dans une société quelconque la condition des individus, la constitution de la famille et
l'organisation du gouvernement.

C'est donc à ces grandes subdivisions qu'au lieu
de suivre l'ordre des événements, on va se contenter
de rattacher les principales réformes accomplies
pendant les diverses périodes historiques de la Révolution.

ASSEMBLÉE CONSTITUANTE.

§ 1.   *Réformes dans la condition des individus.*

On sait qu'avant 1789 les habitants du royaume
se divisaient en nobles et roturiers. Comme conséquence du principe de l'égalité civile qu'elle venait
de proclamer, l'Assemblée constituante déclara dans
la nuit mémorable du 4 août qu'il n'y aurait plus ni
seigneurs, ni vassaux, ni nobles, ni roturiers.

Elle consacra en même temps l'égalité devant la
loi et dans l'application des peines. Les fautes
n'eurent plus ainsi qu'un caractère personnel ; et, la
confiscation des biens des condamnés étant aussi
abolie, la flétrissure et le châtiment des coupables
ne s'étendirent plus injustement jusqu'à leur famille.

L'Assemblée ne voulut plus que personne désormais eût encore à souffrir des distinctions de races
et de religions. Elle rendit aux héritiers des protes-
tants, que Louis XIV avait chassés de France, les biens
qu'on leur avait confisqués ; et, les Juifs mêmes, qui
depuis longtemps s'étaient attiré l'animosité des
populations en les ruinant par l'usure, n'en furent
pas moins mis au rang des autres citoyens.

Poussant encore plus loin les conséquences des
idées d'égalité et de fraternité, l'Assemblée constituante vota aussi la suppression du droit d'aubaine.
Elle permit aux étrangers d'hériter en France, et
leur reconnut le libre exercice de tous les droits qui
comme vendre, louer, acheter, ne dépendent pas
essentiellement de la qualité de Français. Ils pouvaient, en outre, acquérir, en se faisant naturaliser,
tous les autres droits des citoyens et leur être entièrement assimilés.

Mais suffisait-il de proclamer ainsi l'égalité de
tous les hommes indépendamment de leur classe et
de leur lieu d'origine ? Ne fallait-il pas pousser les
conséquences de l'égalité jusqu'à chercher à rendre
tous les hommes matériellement égaux ?

Les Constituants ne se laissèrent pas entraîner par ces dangereuses illusions. Ils comprirent alors, comme on ne l'a pas toujours fait depuis, à quelles impossibilités matérielles on aboutissait forcément, en voulant partager les terres et les fortunes, pour essayer de réaliser l'idée si chimérique de l'égalité en fait, comme en droit ; et ils se contentèrent sagement de chercher à mettre à la portée de tous, non pas une portion quelconque de la fortune publique, mais les moyens de parvenir à l'acquérir honnêtement.

Ce furent ces idées si justes et si élevées qui les portèrent non seulement à déclarer les anciens serfs personnellement libres désormais, mais aussi à affranchir de tous droits la terre à laquelle ils étaient depuis si longtemps attachés. Les fiefs furent à jamais abolis, et tous les anciens droits féodaux purent être rachetés.

Les entraves si gênantes qui, par suite des abus de l'ancien régime, avaient aussi été apportées au travail, furent supprimées. La liberté du commerce fut assurée comme celle du travail ; et l'abolition des douanes intérieures, l'unification des poids et mesures vinrent puissamment contribuer à faciliter les échanges.

L'application des principes nouveaux d'égalité et de liberté, d'où résultaient ainsi de si importants changements dans les conditions d'existence des individus, devait aussi entraîner de profondes modifications dans la constitution même de la famille.

§ 1. — *Réformes dans la constitution de la famille.*

La plupart des réformes, qui furent faites en cette matière, étaient depuis longtemps devenues nécessaires. Les institutions servant de base à l'organisation de la famille n'étaient plus en rapport ni avec les aspirations du peuple, ni avec ses besoins nouveaux; aussi l'Assemblée constituante n'eut-elle qu'à s'inspirer de ces besoins pour aboutir à une œuvre féconde et durable.

Comprenant toute l'importance des liens du mariage, qui servent de fondement à la famille et par là même à l'organisation de la société, elle commença par le séculariser pour établir sur des bases solides l'organisation nouvelle. Elle institua en dehors de la tutelle de l'Eglise des fonctionnaires spéciaux, chargés désormais de veiller à l'application des lois du mariage, et dans les attributions desquels rentra naturellement la confection des actes de l'état civil.

Les abus de la puissance maritale et paternelle, et l'inégalité si choquante du droit d'aînesse, faisaient depuis longtemps sentir le besoin de s'écarter des traditions féodales. C'est ce que parvinrent heureusement à faire les législateurs de l'Assemblée constituante en formulant le principe de l'égalité du partage dans les successions.

Ce principe, qui fut consacré par une loi votée

une heure après la mort de Mirabeau et faite sous
l'inspiration de la lecture d'un des plus beaux dis-
cours de l'éminent homme d'Etat, ne devait pas
tarder à entraîner les plus importantes conséquences. Il a vraiment été ce qu'y voyait le grand
tribun, la base de l'organisation nouvelle de la famille et de la société, le principe fondamental de la
démocratie.

Les Constituants devaient aussi s'occuper d'une
question d'une grande importance dans les rapports
de famille, le droit reconnu à tous les citoyens de
tester ou de faire exécuter après la mort leurs dernières volontés. Comme cependant la loi sur les tes-
taments devait forcément se rattacher à l'ensemble
des autres lois civiles, encore inachevées, ils durent
alors en ajourner l'application. Ils se contentèrent d'empêcher qu'on ne pût, comme autrefois,
porter atteinte à la liberté des héritiers institués, en
leur imposant par testament une alliance ou l'exercice d'une profession contraires à leur volonté.

On voit ainsi combien l'Assemblée constituante
s'inspirait encore des doctrines spiritualistes et
chrétiennes. Le christianisme avait depuis longtemps,
en effet, proclamé que tous les enfants étant donnés
par Dieu à leur père, tous devaient avoir indistinc-
tement une part égale de ses biens. L'Assemblée admettait aussi comme lui le principe de l'immortalité
de l'âme, puisqu'elle respectait, même après la
mort, les manifestations de la volonté.

Les réformes faites dans l'organisation sociale

s'inspiraient ainsi d'un sage esprit de modération, qui allait aussi aboutir à d'utiles réformes dans l'ordre politique. La Constituante, pour répondre aux aspirations de liberté et au juste besoin d'émancipation du peuple, allait surtout chercher à diminuer les prérogatives du pouvoir royal dans ce qu'elles avaient d'exagéré. Elle fut ainsi conduite avec lui à un partage d'attributions, d'où sortit le premier essai de gouvernement constitutionnel fait en France.

§ 3. — *Réformes faites dans l'organisation politique.*

Quand le Tiers-Etat, au lieu de se contenter de soumettre au roi, comme autrefois, ses humbles doléances, eut triomphé, grâce à l'appui de l'opinion publique, de l'opposition des Ordres privilégiés, et fut définitivement constitué en Assemblée nationale, par ce fait même la royauté perdit son caractère d'absolutisme, et l'Assemblée des représentants devenant un pouvoir dans l'Etat, la Monarchie constitutionnelle fut fondée.

L'influence de ce principe d'égalité, qui renouvelait la face de la société, s'étendit jusqu'aux règles mêmes de l'organisation gouvernementale. L'Assemblée se proclama une et indivisible. Elle prohiba entre ses membres toutes distinctions de rang et de préséance, et le vote individuel remplaça, par suite, le vote par Ordres des anciens Etats-Généraux.

Comme l'Assemblée ne devait pas aussi tarder à se réserver l'initiative, le vote et la discussion des lois, une des plus importantes attributions de la royauté, lui fut par là même à peu près enlevée. On lui laissa cependant encore le droit de *veto* suspensif, qui lui permettait de s'opposer momentanément aux décisions de l'Assemblée, et ne rendait la loi applicable que si elle était de nouveau votée sous la législature suivante. Le principe de la souveraineté nationale se trouvait ainsi très suffisamment sauvegardé, puisque le peuple restait finalement juge du différend survenu entre ses représentants et la royauté. Mais il était malheureusement beaucoup trop inexpérimenté pour apprécier toute la sagesse de cette mesure; et, poussé par son impatience naturelle, il préféra passer de suite aux solutions extrêmes.

Le droit de déclarer la guerre qui, bien souvent, comme le prouve l'histoire, avait été exercé par les rois dans l'intérêt trop exclusif de leur dynastie ou même pour des motifs d'animosité personnelle, fut à juste titre revendiqué par l'Assemblée. Seule désormais elle voulut l'exercer, et tous les traités de paix, d'alliance et de commerce durent lui être soumis.

Les Constituants ne crurent pas non plus pouvoir exclusivement confier au roi et à la noblesse qui commandaient l'armée la défense d'institutions devenues contraires à leurs intérêts privés. Ils favorisèrent donc, dans toute la France, la création de milices nationales, analogues à celles qui s'étaient spontanément formées dans le peuple après la prise de la Bastille.

Ces importants changements dans l'organisation du gouvernement étaient provoqués, pour la nouvelle assemblée, par la nécessité même d'assurer son existence et de se faire définitivement place dans l'Etat. Mais les nouveaux principes d'égalité et de liberté sur lesquels elle basait ses revendications devaient encore la conduire à réaliser dans l'organisation politique beaucoup d'autres réformes qui, en raison même de leur caractère de nécessité, ont été non seulement dès le début admises par la démocratie, mais depuis définitivement adoptées.

Parmi les plus importantes on peut citer la proclamation du principe de l'égale admissibilité de tous aux emplois, et surtout les changements apportés dans le prélèvement des impôts. Ils furent désormais répartis entre tous les citoyens sans tenir compte ni de leur rang, ni de toutes ces faveurs et de toutes ces distinctions qui, sous l'ancien régime, affranchissaient si injustement de toutes charges ceux précisément qui étaient le plus à même de les supporter.

De cette époque date aussi une importante réforme judiciaire, celle de l'institution du jury en matière criminelle.

Le jury ne fut pas admis par l'Assemblée en matière civile, parce qu'elle reconnut sagement que les questions de droit se trouvant alors le plus souvent

mêlées à la question de fait, on ne pouvait pas raisonnablement demander au premier venu d'être
apte à les distinguer. Aussi des juges furent-ils créés
et élus dans tous les tribunaux pour dix années.

Il semble nécessaire d'insister un peu sur le mode
de nomination des juges qui fut alors adopté, parce
qu'il permet de relever une contradiction assez bizarre
dans l'œuvre de l'Assemblée. Comme elle admit
qu'on pouvait élire les juges au suffrage universel, elle
reconnut par là même, ce qui est cependant fort discutable, que si tout citoyen ne peut faire un juge, il
est du moins apte à le choisir. On peut justement
croire qu'il eût mieux valu dès lors limiter le droit
d'élection aux citoyens qui pouvaient passer pour
compétents, à ceux par exemple qui font de l'étude
du droit leur profession.

Il est à regretter que la démocratie ne se soit pas
dès le début engagée dans cette voie, qui, comme on
essayera de le faire ressortir plus loin, semble vraiment être la bonne. Tout en appliquant en effet les
idées d'égalité, on tient par là même aussi compte
des divers degrés de capacités, comme l'ont fait de
tous temps les sociétés qui ont acquis dans la civilisation un haut degré de développement, et comme
devront aussi sans doute le faire les démocraties
pour y trouver le complément nécessaire de leur organisation politique, le principe de hiérarchie qui
leur a jusqu'à présent manqué.

Dans le même ordre d'idées, la création des justices de paix devait heureusement compléter l'œuvre de réorganisation judiciaire de la Constituante. L'ouvrier, le paysan trouvèrent dès lors près d'eux un juge désintéressé s'efforçant, en les éclairant sur leurs véritables intérêts, de les arrêter au début d'inutiles procès, qui si souvent entraînent pour eux la ruine.

L'Assemblée constituante ne devait pas se contenter de réorganiser dans l'ordre politique l'administration, la justice, l'armée. Elle fut aussi forcée d'intervenir en matière religieuse ; mais, malheureusement, l'expérience se chargea bientôt de démontrer qu'en cette matière ses réformes devaient être moins heureuses.

Les hommes politiques de l'époque, subissant encore trop l'influence du grand courant d'idées philosophiques et antireligieuses du xviiie siècle, ne comprirent pas que l'Eglise, qui a pour mission de propager partout les doctrines du christianisme, doit pour cette raison même conserver son organisation propre, et ne peut se soumettre à tous les changements arbitraires des gouvernements. Ils voulurent à tort la dominer et en faire un rouage constitutionnel, et ils n'aboutirent ainsi qu'à provoquer un schisme qui entraîna bientôt lui-même les plus graves dissensions.

Dans la nuit mémorable du 4 août, le clergé avait cependant abandonné, en suivant l'exemple de la noblesse, presque tous ses privilèges, droits casuels, dîmes ecclésiastiques, exemptions d'impôts. Mais le sacrifice parut insuffisant à l'Assemblée qui voyait

qu'il continuait à détenir entre ses mains d'immenses
biens fonciers. Elle crut, d'ailleurs avec raison,
que pour que le mode de détention de la propriété
fût en rapport avec les institutions nouvelles et n'ar-
rêtât pas à son début l'essor de la démocratie, il
fallait arriver à une plus grande division des terres,
et, par suite, déposséder de ses biens le clergé.

L'Eglise n'aurait guère pu, de son côté, faire devant l'histoire à la Révolution un grief bien justifié
de cette mesure, malgré son caractère arbitraire,
puisque les pays même les plus religieux et les plus
monarchiques ont été obligés d'en venir aussi à la
sécularisation. Il n'y avait au fond de tout cela
qu'une question d'indemnités ; mais où la question se
posa autrement et où la rupture devint inévitable, ce
fut quand l'Assemblée voulut à tort intervenir dans
les questions mêmes d'organisation du clergé, et ap-
peler le peuple à élire les évêques, les curés, comme
il élisait les autres fonctionnaires.

Les Constituants commencèrent ainsi manifestement à subir l'influence de ces idées antireligieuses,
qui allaient entraîner si loin les doctrinaires de la Convention. Ils ne comprirent pas qu'en matière de religion, quelle qu'elle soit d'ailleurs, il faut pouvoir
parler au nom de Dieu, et non pas seulement au
nom du peuple. Ils n'allaient ainsi aboutir forcément
qu'à blesser dans leurs convictions les plus respec-
tables la grande majorité des ministres du culte, et
à aliéner pour longtemps encore l'esprit des catholiques fervents aux idées de la Révolution.

Ces dissensions religieuses, qui résultèrent ainsi de fausses applications des idées d'égalité et de liberté, ne devaient faire que s'accroître au cours de la Révolution. Ce fut la grosse erreur de la Constituante de les avoir provoquées, et elle devait malheureusement suffire à compromettre son œuvre tout entière.

Ces réformes, qui portent dans l'histoire le nom de Constitution civile du clergé, ne tardèrent pas, en effet, à entraîner une rupture définitive entre le peuple et la royauté, en contribuant principalement à pousser Louis XVI aux résolutions extrêmes.

Il s'était toujours montré prêt, quand l'Assemblée l'avait demandé, à sacrifier aux intérêts du peuple les prérogatives de la royauté. Mais, quand il vit qu'on voulait le forcer à ratifier, au nom des principes de liberté, des réformes qui portaient de si graves atteintes à la liberté de conscience elle-même, il fut profondément blessé dans ses sentiments d'homme juste et de chrétien, et il se trouva dès lors en opposition d'idées complète avec la Révolution.

Le peuple de son côté allait de plus en plus perdre la confiance qu'il avait encore dans la royauté, et il allait ainsi se trouver livré sans défense à la dangereuse influence des démagogues.

La Révolution, dans le sens que lui donnent encore ses adversaires acharnés, comme aussi ses partisans les plus exaltés, ne faisait que commencer.

Mais, bien loin de vouloir entrer dans les polé-

miques auxquelles donne toujours lieu cette époque
de l'histoire si attachante mais encore si discutée,
on doit uniquement chercher, suivant les règles de
la méthode positive, à se rendre compte par l'étude
des principales réformes accomplies, des grands
courants d'idées révolutionnaires ou non, qui les ont
provoquées, et des avantages qui en sont finalement
résultés.

On pourra toujours du moins parvenir à constater
ainsi impartialement, qu'à côté de beaucoup de
réformes, auxquelles les exagérations de principes
et les difficultés des circonstances ont forcément
donné un caractère trop arbitraire, beaucoup
d'autres ont au contraire été durables et fécondes,
parce qu'elles répondaient à de véritables besoins, et
ont ainsi pu efficacement contribuer à assurer à la
démocratie de nouvelles conquêtes.

ASSEMBLÉE LÉGISLATIVE ET CONVENTION

Suivant une de ces grandes lois de l'évolution sociale encore si obscures, qui veut sans doute que les
peuples comme les individus n'acquièrent la sagesse
et l'expérience qu'en passant de l'erreur à la vérité,
la Révolution, après avoir fait incontestablement
beaucoup de bien en appliquant avec modération les
idées d'égalité et de liberté, allait maintenant souvent se tromper et faire beaucoup de mal, en voulant
les exagérer.

L'histoire montre par de nombreux exemples combien les assemblées qui suivirent la Constituante se sont en réalité écartées de ses traditions. Il suffit, pour s'en rendre compte, de se rappeler que le principe de la souveraineté du peuple n'a pas tardé à aboutir à l'exercice direct du droit de souveraineté populaire, se traduisant par le recours continuel à la force et à la violence. Le peuple ne se contenta plus, en effet, de manifester sa volonté dans les clubs, comme au début de la Révolution. On le vit alors intervenir dans la conduite des affaires et se rendre en armes à la barre de l'Assemblée, qui fut souvent réduite, pour éviter de sanglantes émeutes, à subir ses menaces et ses exigences.

On comprend qu'avec de tels moyens de gouvernement beaucoup de décrets de la Législative et de la Convention aient pris le caractère de mesures d'exception. On n'a pas besoin par là même d'en tenir grand compte dans cette étude, puisqu'on ne peut en réalité considérer comme progrès réels pour la démocratie que ce qui a été définitivement acquis par elle.

§ 1er. — *Réformes dans l'organisation sociale.*

Une réforme importante, devant laquelle avait reculé la précédente Assemblée, fut entreprise par l'Assemblée législative dans l'organisation de la famille. Elle introduisit le divorce dans la législation, mais passant de suite aux solutions extrêmes, elle admit le divorce par consentement mutuel.

Il suffisait alors d'obtenir l'assentiment de six parents ou amis pour qu'on pût divorcer au bout d'un mois, si l'on n'avait pas d'enfants, et au bout de deux quand on en avait. En invoquant même uniquement comme motif l'incompatibilité d'humeur, l'un ou l'autre des époux pouvait aussi facilement arriver au divorce; il suffisait pour cela de trois comparutions successives devant le conseil de famille.

L'Assemblée législative, en assimilant ainsi le mariage aux contrats ordinaires, ne tenait plus suffisamment compte des intérêts mêmes de la société, que son devoir était avant tout de sauvegarder. Cette réforme d'ailleurs ne devait pas tarder à causer tant d'abus et d'immoralités qu'il fallut réagir en sens contraire et revenir à l'indissolubilité.

Le divorce tel qu'il est actuellement admis dans la législation est loin de donner lieu aux mêmes inconvénients, parce qu'il est entouré de bien plus de garanties de justice et de modération. Mais on sait par quelle série de fluctuations de sens contraire il a fallu passer au cours de ce siècle avant d'en arriver là. Et on voit ainsi combien en marchant sans règle tracée, et en s'abandonnant aux passions politiques et aux contradictions des systèmes, on arrive difficilement à mettre en rapport les mœurs et les institutions.

La Convention put un peu plus tard accomplir dans les rapports de famille une réforme plus durable que le divorce par consentement mutuel, en supprimant dans les hérédités les différentes espèces de biens successoraux. Les anciennes lois féodales voulaient que les biens propres, ceux qui appartenaient en propre à chacun des époux et ceux qui leur venaient par héritage de leur famille, y retournassent après leur mort. Pour faire plus complètement prévaloir dans les successions le principe de l'égalité des partages, la Convention ne reconnut plus aucune différence dans la nature et l'origine des biens, et ils furent dès lors indifféremment répartis entre les parents paternels ou maternels les plus proches.

Les principes qui furent ainsi admis dans l'importante loi sur les successions de cette époque devaient plus tard passer dans le Code civil, et être ensuite adoptés par la plupart des sociétés modernes.

§ 2. — *Réformes politiques.*

Ce sont surtout les réformes politiques de la Législative et de la Convention qui prirent ce caractère de mesures d'exception, dont on a précédemment parlé, et qu'on peut, il est vrai, tout en restant impartial, chercher non pas à justifier mais à excuser, par la difficulté des circonstances.

On sait que tous les pouvoirs furent alors centralisés aux mains de comités, et qu'il n'y eut plus en réalité aucun contrôle des actes du gouvernement. Faut-il croire, comme le disent des admirateurs trop

enthousiastes de la Convention, que ce fut grâce à
cette organisation que le peuple put si souvent marcher à la victoire ? Evidemment non. Il se produisit
alors en France, avec une grande intensité, ce qui s'é-
tait déjà produit à différentes époques de son histoire.
Il y eut alors dans le peuple un réveil du vieil esprit militaire de la Gaule, qui ne tenait pas essentiellement à
la manière de gouverner de la Convention, puisqu'il
ne devait faire sans cesse qu'augmenter sous les gouvernements suivants.

Ce qui agit alors surtout, ce fut, comme toujours
quand de grands mouvements se produisent dans
une nation, beaucoup moins les hommes que les
idées. En voyant la France attaquée sur toutes ses
frontières et en apprenant qu'on voulait essayer de
lui enlever ces libertés qu'il venait de conquérir et
qu'il voulait conserver, le peuple se leva pour les
défendre avec un ensemble et un élan admirables.
Guidé par son instinct, il s'enrôla en foule dans les
armées, parce qu'il sentit que c'était surtout là
qu'était sa place au milieu de la désorganisation sociale. Il comprit que, puisqu'il voulait dès lors com-
mander, il fallait aussi qu'il conquît ses titres de noblesse ; et, grâce aux admirables qualités de sa race,
le courage et l'impétuosité, l'esprit de sacrifice et de
générosité, il allait pouvoir bientôt remporter en
quelques années autant de victoires, que ne l'avait
fait la monarchie, pendant plusieurs siècles de son
histoire.

Ce n'était malheureusement pas à l'intérieur,

vers la même époque, des idées aussi élevées qui
exerçaient leur bienfaisante influence. On sait que
l'histoire de la Révolution se réduit alors à celle des
rivalités de tous ceux qui obtiennent successivement les faveurs populaires, rivalités qui font verser
des flots de sang. C'est ainsi qu'on voit successivement
marcher au supplice, après les Girondins, Danton ; et,
après Danton, Robespierre. Ce n'est que lorsque les
Conventionnels virent que toutes les têtes finissaient
par être menacées, et que toutes les pompeuses ha-
rangues de Robespierre n'aboutissaient, le plus souvent, qu'à satisfaire de viles rancunes personnelles,
qu'ils reprirent enfin leur sang-froid et leur bon
sens, et résolurent, pour éviter le retour de la
tyrannie, de remettre les lois au-dessus de l'arbitraire des comités et de les faire également par
tous respecter.

La Convention finit par faire ainsi, au prix d'une
expérience trop chèrement acquise, ce qu'avait fait
au début la première assemblée de la Révolution.
Elle en revint à la conciliation des idées nouvelles et
des anciens principes, aux doctrines de pondéra-
tion des pouvoirs, dont devait bientôt sortir le gouvernement du Directoire.

Malgré leurs dissensions politiques continuelles et
les erreurs où les ont souvent entraînés l'audace
de leurs conceptions et les exagérations des doctrines philosophiques, les membres de la Convention devaient beaucoup contribuer par leur œuvre
législative si considérable à accélérer les progrès de

la démocratie. Ils décrétèrent la rédaction du Code
civil et préparèrent beaucoup de ses plus importants articles, ainsi que la plupart des réformes qui,
en matière de finances et d'administration, allaient
bientôt permettre aux gouvernements suivants de
donner à la société nouvelle des bases définitives.

Leur principal titre de gloire est d'avoir puissamment contribué à développer l'instruction à tous les
degrés. Ils voulurent que, par une juste conséquence des idées d'égalité, il fut possible à chacun
de s'élever par son travail jusqu'aux plus hauts
degrés de l'échelle sociale ; et c'est par eux que
furent fondés les écoles primaires, les lycées, la plupart des musées et des grandes écoles actuelles.

Malheureusement dans les questions religieuses
l'Assemblée législative et la Convention ne devaient
faire qu'exagérer les fautes de la Constituante. Elles
voulurent, en intervenant encore à tort dans les
questions mêmes d'organisation du clergé, que le
mariage des prêtres fût toléré par l'Eglise. Les dissensions ne firent alors que s'accroître, à tel point
que fatigués de lutter contre le clergé et de faire
massacrer les ministres du culte qui restaient fidèles
à leurs vœux, les hommes politiques de l'époque
devaient, à plusieurs reprises, essayer de créer une
nouvelle religion pour en finir une fois pour toutes
avec eux.

Le premier essai en ce genre fut, comme on le
sait, le culte de la déesse Raison, que ses premiers
pontifes cherchèrent à établir en s'appuyant unique-

ment sur les préceptes de morale que dicte la
conscience. Ils faisaient là une grossière erreur,
puisqu'ils oubliaient que le premier attribut de ce
qu'on veut livrer à l'adoration a toujours été la perfection. S'ils ne l'oubliaient pas, il fallait du moins
qu'ils fussent étrangement aveuglés par leurs passions pour vouloir, en lui organisant un culte,
attribuer la perfection à la raison, au moment même
où, chez beaucoup d'entre eux, elle se livrait à tant
d'écarts !

On n'avait pas songé à adorer la Justice ! C'était
cependant un aussi beau principe que la raison,
surtout quand le tribunal révolutionnaire se char-
geait de l'appliquer !

Le culte de la Raison ne fit heureusement pas
tant de victimes. Il devait bientôt tomber sous le
ridicule, qui sert heureusement en France de contrepoids à l'enthousiasme irréfléchi.

Robespierre, qui était alors à la tête du Comité
de salut public, sentait combien cette impuissance
des doctrines de la Révolution à répondre aux aspirations religieuses nuisait à leur expansion, et il
voulut aussi essayer d'y porter remède.

Il comprit qu'il fallait nécessairement, comme
dans les doctrines si élevées du Christianisme, recourir à un principe supérieur et créateur, restant
par là même au-dessus de la sphère des actions humaines. On pouvait alors, en effet, comme dans la
plupart des religions, en faire un digne objet d'adoration en lui attribuant toutes les perfections, et en

expliquant tout naturellement l'existence du mal par l'imperfection des créatures.

Ce fut cette doctrine qui conduisit au culte de l'Etre suprême, dont Robespierre se sacra pontife. Mais, si ces principes étaient ainsi incontestablement meilleurs, par cela même qu'ils devenaient moins matérialistes, la nouvelle religion avait encore d'étranges ministres dans ceux qui maintenaient la guillotine à côté de l'autel de l'Etre suprême.

Aussi finalement, le peuple, n'ajoutant dans son bon sens aucune foi à toutes ces religions, qui prétendaient enseigner le bien, mais qui conduisaient si peu à le pratiquer, finit bientôt par s'en dégoûter et par en revenir aux anciennes doctrines du Christianisme.

La conciliation entre les doctrines de l'Eglise et celles de la Révolution devait cependant rester impossible, jusqu'à ce que le premier consul en eût fait la tentative. Elle put alors réussir, parce que le pouvoir civil ne chercha plus à émanciper la religion, et sut laisser l'Eglise maîtresse de ses dogmes et de son organisation.

DIRECTOIRE

On sait qu'un grand revirement d'opinion provoqué par les excès mêmes où s'était laissée entraîner la Convention se produisit sous le Directoire. Le nouveau gouvernement, pour s'y conformer, fut obligé de revenir à des principes plus modérés. Il reprit la politique de conciliation entre les anciens et les nouveaux principes, et il put ainsi entrer dans la voie, qui allait aboutir à tant de fécondes réformes sous le Consulat et sous l'Empire, et assurer tant de nouveaux progrès à la démocratie.

En matière de finances le Directoire avait une tâche difficile à remplir. Il fallait, pour éviter une banqueroute complète, liquider les assignats, qui avaient subi une énorme dépréciation. Il était, avant tout, nécessaire, pour cela, de leur donner une valeur réelle, qui pût faciliter les transactions et permettre au commerce de se relever.

Les mandats territoriaux, qui entraînaient hypothèque privilégiée sur les domaines nationaux, furent émis dans ce but. Comme on laissait la facilité de les acheter avec des assignats, beaucoup de ces valeurs dépréciées purent être retirées de la circulation, et la division et la mobilisation du sol furent en même temps facilitées.

Il fallait aussi régler les comptes de l'Etat avec ses créanciers. Pour diminuer les charges du budget, le gouvernement remboursa en bons du Trésor les deux tiers de la rente. Le dernier tiers fut consolidé et inscrit au Grand-Livre de la dette publique.

L'Etat sauvegardait ainsi ses intérêts, mais pas assez ceux des petits rentiers, qui, trop pauvres pour acheter les domaines de l'Etat avec leurs quelques bons du Trésor représentant leur rente remboursée, furent obligés de garder ces titres entre leurs mains, où ils furent vite dépréciés.

Le peuple et les petits capitalistes furent ainsi, comme toujours, ceux qui, finalement, eurent le plus à souffrir de la mauvaise administration de la fortune publique.

Le Directoire fut encore obligé, pour relever le crédit du commerce, de rétablir la contrainte par corps. Les désordres, causés par les excès de liberté, avaient été si grands qu'il fallait maintenant employer les plus énergiques remèdes pour réagir contre eux efficacement.

Une autre réforme très importante, et qui est restée, en cette matière, la base de l'organisation actuelle, fut aussi faite par le Directoire en ce qui concerne le régime hypothécaire.

La Convention, toujours portée à pousser les principes jusqu'à leurs plus extrêmes conséquences, avait proposé un système absolu de mobilisation du sol. Elle aurait voulu que chacun pût prendre hypothèque non seulement sur la valeur de ses propriétés consistant en immeubles et en biens fonds, mais aussi sur les fruits non recueillis, comme les bois non coupés, les récoltes non encore faites.

Ce système, qui, quand la démocratie sera arrivée à une organisation plus complète, sera peut-être un des moyens les plus efficaces pour les travailleurs de lutter contre la domination du capital, offrait cependant de grands dangers à l'époque où il était proposé. On pouvait justement craindre qu'une masse énorme de papier-monnaie privé, venant s'ajouter aux milliards d'assignats mis en circulation par l'État, la fortune des particuliers ne fût vite aussi compromise que la fortune publique. C'est cependant beaucoup moins ce qui arrêta la Convention que la crainte que les émigrés et le clergé ne profitassent de cette facilité de mobilisation pour soustraire leurs biens à la confiscation.

Cette idée de l'extension du crédit poussé jusqu'à ses dernières limites qui, au fond, semble juste, et qui est assurément essentiellement humanitaire, était encore trop en avance pour l'époque, indépendamment même des circonstances. Ce qui le prouve, c'est qu'elle fut d'abord mal comprise et qu'elle conduisit à ces doctrines communistes de Babeuf, qui allaient si souvent, par la suite, être reprises.

Quelques esprits peut-être convaincus, mais assurément très dangereux pour la société, ne virent dans la possibilité de mobiliser et de mettre en circulation sous toutes ses formes l'ensemble de la richesse publique que les moyens d'arriver facilement à réaliser dans la société non seulement l'égalité de droit, mais aussi l'égalité en fait.

Le moyen d'y parvenir était simple : il n'y avait, suivant eux, une fois la mobilisation faite, qu'à procéder à une égale répartition.

On ne cherchait même pas ainsi, au début, à tenir compte de l'intelligence et des capacités, comme devaient le faire plus tard d'autres doctrines communistes plus avancées. On s'inquiétait encore bien moins de savoir si, en enlevant par le partage des biens tout ressort à l'initiative individuelle, on n'ar-

réterait pas par-là même forcément tout progrès
dans la société. Comme ces doctrines ne devaient
pas tarder à se reproduire sous des formes moins
grossières, on s'attachera plus loin à en étudier les
manifestations pour essayer de voir si, comme le
prétendent encore leurs partisans, là est en réalité
la voie où devrait s'engager la démocratie. L'histoire force toujours à constater qu'à leur origine
ces doctrines échouèrent misérablement. Babeuf
avait organisé une conjuration politique pour ren-
verser le gouvernement et pouvoir mettre sa théorie
de l'égalité en pratique. Cette conjuration fut décou-
verte et il fut lui-même exécuté avec les principaux
conjurés.

Si l'état de la civilisation n'était pas encore assez
avancé pour permettre à chacun d'escompter ses
espérances et de trouver dans le produit à venir de
son travail des moyens de crédit, on ne pouvait
contester l'utilité de mettre en circulation des valeurs représentant les propriétés légitimement ac-
quises. C'était d'ailleurs ce qui s'était de tout temps
pratiqué ; et, dernièrement encore, c'était grâce à
des emprunts hypothécaires représentés par les assignats et les mandats territoriaux que l'Etat lui-
même avait pu se créer des ressources, dans les
circonstances difficiles qu'il venait de traverser.

Beaucoup de propriétaires, maintenant ruinés
comme l'Etat, avaient aussi grand besoin qu'il leur
procurât pour se relever des moyens de crédit. C'est
ce que fit le Directoire en réorganisant le régime

hypothécaire et en exigeant des mesures de publicité, qui permettaient de régler avec équité les rapports du débiteur et de ses créanciers.

Ce fut aussi à cette époque qu'on réorganisa l'Enregistrement sur la base admise encore actuellement.

Les droits de timbre furent créés et des droits de greffe vinrent s'y ajouter pour la mise au rôle de chaque affaire, afin de parvenir ainsi, en augmentant suffisamment les ressources de la justice, à empêcher sa vénalité.

Tous ces impôts nouveaux n'étaient en réalité que d'anciens impôts de la monarchie, que l'Etat était forcé de rétablir pour subvenir par des moyens réguliers à ses besoins.

Le peuple, qui avait vu à quels désordres pouvaient conduire les exagérations des nouveaux principes et qui en souffrait encore, comprit la nécessité de revenir encore davantage aux anciennes traditions. Il sentit que seule une main ferme, en rétablissant l'ordre et le calme dans la société, pourrait définitivement lui assurer ce qui était pour le moment réalisable dans ses nouvelles conquêtes ; et c'est ce besoin, qui produisit le grand courant d'opinions, d'où sortirent bientôt le Consulat et l'Empire.

CHAPITRE III

Principaux progrès accomplis depuis la Révolution par la démocratie

C'est à l'histoire à retracer les victoires des armées de la Révolution et les innombrables triomphes du Consulat et de l'Empire ; mais, en étudiant les causes qui ont accéléré les progrès de la démocratie, on ne peut cependant les passer entièrement sous silence.

Il est évident, en effet, que, si le peuple n'avait pas vaincu dès le début les armées de la réaction, la société nouvelle serait toujours parvenue, en raison même des nécessités de son évolution historique, à se constituer sur les mêmes principes ; mais elle pouvait encore pendant longtemps se trouver arrêtée dans son essor.

On sait quelle rapide expansion prirent au contraire les idées nouvelles, grâce aux conquêtes de la Révolution et de l'Empire. Et on peut sans exagération en conclure que ces conquêtes, malgré leur peu de durée, ont autant fait pour vulgariser partout en

Europe les principes de la Révolution, que le travail de bien des années.

Mais la politique positive doit, comme on l'a vu précédemment, tout en reconnaissant l'énorme influence qu'exercent sur le cours des évènements des hommes exceptionnels comme Napoléon, se contenter de voir, par l'observation des réformes accomplies, quels ont été les grands courants d'idées et les besoins qui les ont provoqués. Elle s'attache à l'étude des institutions et non à celle des hommes; mais elle n'en laisse pas moins à ces derniers leurs vrais titres de gloire, puisqu'ils n'en ont pas de plus beaux que les progrès mêmes qui, grâce à eux, ont pu être réalisés.

Au milieu des innombrables réformes sociales et politiques, accomplies sous le Consulat et l'Empire, ressort en première ligne l'achèvement et la rédaction définitive du Code civil, œuvre considérable qui devait pour longtemps assurer des bases stables à l'organisation nouvelle de la société.

L'égalité de tous devant la loi, la séparation des pouvoirs civils et religieux furent dès lors définitivement consacrées par la législation. Il en fut de même de l'abolition du droit d'aînesse, de l'égalité du partage dans les successions, des servitudes rattachées désormais non plus aux personnes mais aux biens-fonds, et en un mot de tout ce qu'il y avait de meilleur dans l'œuvre législative des assemblées de la Révolution.

Toutes ces réformes, admises désormais par les

mœurs et sanctionnées par les lois, allaient pour toujours empêcher le retour aux anciens abus. C'est ainsi que la puissance paternelle fut définitivement ramenée à de plus justes limites que sous l'ancien régime : et, dans cette matière comme dans beaucoup d'autres, on ne peut que louer les rédacteurs du Code civil de leur esprit de justice et de modération.

Au Code civil, qui réglait les relations privées, vint plus tard se rattacher toute une législation complémentaire, le Code de Procédure civile, le Code de Commerce, le Code Pénal, le Code d'Instruction criminelle. Dans toutes ces matières, la législation nouvelle conservait les mêmes tendances. Elle cherchait tout en protégeant efficacement ceux qui en ont besoin, comme les femmes, les mineurs, les incapables, à apporter le moins possible de restrictions à la liberté des autres citoyens.

Beaucoup de réformes sont sans doute depuis devenues nécessaires, mais l'ensemble de la législation du premier Empire n'en réalisait pas moins pour l'époque de grands progrès. C'était un de ces monuments qui font époque non seulement dans la vie d'une nation, mais dans le développement d'une civilisation tout entière. Il suffit pour s'en convaincre de rapprocher de la législation française celle de la plupart des autres nations, qui s'en sont tant inspirées, quand elles ne se sont pas contentées de l'admettre presque intégralement.

De grandes réformes politiques et administratives

devaient aussi être faites par Napoléon, mais elles
eurent bien moins pour but de répondre aux besoins
de la démocratie, que de consolider sa puissance et
de satisfaire son ambition.

Ainsi, le besoin d'autorité, qui se faisait incontestablement sentir après les désordres de la Révolution, ne devait pas tarder à aboutir aux plus grands
excès de centralisation. Les intérêts des départe-
ments, des arrondissements, des communes, restèrent bien en effet représentés par des conseillers;
mais, au lieu d'être élus par les suffrages du peuple,
qui seuls pouvaient leur donner quelques garanties
d'indépendance, ces conseillers furent directement
nommés par le gouvernement. Ils ne servirent plus
ainsi en réalité qu'à répartir les impôts et à ménager,
en paraissant sauvegarder les libertés publiques, les
susceptibilités de ceux qui restaient attachés aux
idées de la Révolution.

Les mêmes principes de centralisation à outrance
furent appliqués dans l'organisation même du gouvernement. On voit bien, en parcourant les constitutions du Consulat et de l'Empire, qu'il y a partage
d'attributions entre différents Corps constitués. On
trouve un Conseil d'État, pour prendre l'initiative
des lois; un Tribunat, pour les discuter; un Corps
Législatif, uniquement chargé de les voter; et enfin,
un Sénat ayant pour mission de veiller au maintien
de la Constitution. Mais, comme indépendamment
des difficultés qu'entraîna le fonctionnement de
rouages aussi compliqués, tous les membres de ces

différents Corps furent aussi élus par le gouvernement, le contrôle qu'ils étaient chargés d'exercer sur ses actes ne pouvait être qu'illusoire. Toutes ces grandes dignités servirent surtout à augmenter l'éclat de la Cour Impériale ; elles permirent à Napoléon de récompenser de fidèles dévouements et de remplir avec magnificence ce rôle d'empereur où l'avaient appelé ses hautes destinées.

On sait à quelles dangereuses utopies et finalement à quels désastres devait malheureusement le conduire sa trop grande ambition. Après avoir conquis et distribué à sa famille la plupart des trônes de l'Europe, il voulut fonder un immense empire d'Occident, comme l'avait autrefois fait Charlemagne.

Il put longtemps dominer, grâce à son génie militaire et à ses continuelles victoires. Mais un moment vint où les peuples, fatigués de ces guerres sans fin, se soulevèrent ; et alors la France épuisée fut, après tant de triomphes, entraînée dans d'irréparables défaites.

Les générations du commencement du siècle, voyant ce que coûtait la gloire, et à quels dangers conduit un gouvernement sans contrôle, commencèrent à réclamer de nouveau le droit de nommer des mandataires chargés de représenter leurs intérêts. Mais, après l'Empire, vinrent les gouvernements de la Restauration, et on sait quelles luttes la démocratie allait avoir à soutenir pour reconquérir ses libertés politiques.

Les réformes religieuses de Napoléon, en aboutissant comme ses réformes législatives à de bons résultats, allaient heureusement pouvoir compenser un peu tout le mal causé par son ambition démesurée.

On sait que sous le régime de tolérance du Directoire la majorité de la nation était revenue à ses anciennes croyances. Bonaparte vit, dès qu'il fut au pouvoir, combien il augmenterait sa popularité en mettant fin aux dissensions religieuses. Il résolut de faire désormais cesser toute distinction entre les prêtres assermentés et les prêtres non assermentés, et de rétablir le catholicisme comme religion officielle. La domination française, alors établie en Italie, lui permit de peser sur la volonté du pape Pie VII, dont le concours lui était nécessaire, et usant à la fois d'habileté et de violence il parvint à le contraindre à signer le Concordat.

Cet acte était inspiré de la Constitution civile du clergé de l'Assemblée constituante, mais ne tombait pas dans les mêmes exagérations de principes. Si l'Etat se réservait le droit de choisir les évêques, on admettait du moins qu'ils devaient recevoir l'investiture du pape, leur chef spirituel. De même, les évêques pouvaient avec l'assentiment de l'Etat nommer les curés; et les évêques, comme les prêtres leurs subordonnés, reçurent des traitements représentant les indemnités des biens, dont sous la Révolution le clergé avait été dépossédé.

Bien qu'il eût été vicié dans son principe par

l'adjonction de certains articles organiques où l'Etat cherchait encore à tort à faire de l'Eglise l'instrument de sa puissance, le Concordat put dès lors remplir son principal but, qui était de mettre fin aux dissensions religieuses.

L'importance de ce traité est restée très grande, parce qu'il a continué depuis le commencement du siècle à servir de base aux rapports de l'Eglise et de l'Etat.

La démocratie maîtresse d'elle-même, comme elle l'est actuellement, s'est aussi jusqu'à présent sagement contentée d'admettre ce traité, et elle pourra sans doute bientôt parvenir à conquérir définitivement sur cette base la paix religieuse.

Avec le temps, les préjugés antireligieux des révolutionnaires trop ardents arriveront en effet forcément à s'atténuer, chez ceux du moins qui ne cherchent pas par politique et par intérêt à en profiter. Ils comprendront combien il y a en réalité d'inconséquence à vouloir, au nom de principes de liberté, porter atteinte à la liberté de conscience elle-même.

Les catholiques par trop fervents parviendront aussi sans doute de leur côté à mieux dominer leur antipathie contre les principes de la Révolution, quand elle ne sera plus justifiée par d'injustes violences, et quand ils verront combien, sagement appliqués, ces principes se rapprochent de leurs propres doctrines.

L'Empire avait ainsi, en résumé, définitivement pu donner à la démocratie par ses habiles réformes re-

ligieuses et, par son admirable législation, les bases
de son organisation sociale ; mais on sait combien
ces conquêtes furent chèrement payées.

Après l'Empire, la France avait surtout besoin
d'un régime qui pût, en lui assurant une longue période de paix, lui permettre de réparer ses forces
abattues ; et c'est ce qu'allaient pouvoir faire, grâce
à leur habile politique et à leurs alliances, les gouvernements de la Restauration.

Gouvernements de la Restauration

En reprenant possession du trône de France, les
Bourbons avaient le choix entre deux politiques. Ils
pouvaient revenir entièrement, comme avant 1789,
aux traditions de pouvoir absolu, ou continuer au
contraire à se rapprocher des idées nouvelles,
comme avant sa chute la royauté avait déjà commencé à le faire. Ils ne devaient, cependant, franche-
ment adopter ni l'un ni l'autre parti.

L'histoire montre, en effet, que Louis XVIII con-
sentit d'abord à écouter les sages conseils de l'empereur de Russie, et à octroyer une Charte constitutionnelle à ses sujets qui leur garantissait encore
du moins quelques-unes des plus importantes conquêtes de la Révolution, la liberté de la presse, la liberté
individuelle, l'irrévocabilité de la vente des biens
nationaux ; mais bientôt, poussé par la noblesse et
le clergé, qui réclamaient leurs biens et leurs an-

ciens privilèges, le roi ne tarda pas à retirer la plupart des concessions qu'il avait faites.

Le parti des anciens émigrés devenu de plus en plus influent entra directement en lutte avec les libéraux, parti qui représentait le peuple et la bourgeoisie, comme toujours redevenus alliés en face de classes plus puissantes.

La censure fut rétablie sur les brochures, et d'innombrables procès furent faits aux journaux de l'opposition. Croyant parvenir ainsi à mieux dominer l'armée, Louis XVIII alla jusqu'à faire de nombreuses radiations dans ses cadres, n'hésitant pas à la priver même de ses chefs les plus glorieux et les plus aimés.

Napoléon, qui de l'île d'Elbe épiait toutes les fautes du gouvernement de la Restauration, voulut en profiter pour tenter de nouveau la fortune. Il choisit un moment favorable pour s'échapper et vint se remettre à la tête de ses anciens soldats.

Les paysans, auxquels le retour de leurs anciens seigneurs faisait craindre qu'on ne les dépossédât des biens qu'ils avaient acquis depuis la Révolution, et que l'Empire, à défaut des autres libertés politiques, avait du moins su leur garantir, répondirent aussitôt à l'appel de leur empereur et se montrèrent encore prêts à verser pour lui leur sang.

Il y avait bien encore le désir de se relever des dernières défaites et l'amour de la gloire, qui agissaient sur le peuple, mais moins cependant que la crainte de la réaction. C'est ce que vit clairement Napoléon, qui fit alors ce qu'aurait dû faire le gouvernement de la Restauration. Il garantit formellement, par son Acte additionnel aux Constitutions de l'Empire, les libertés de la Nation et les principales conquêtes de la Révolution.

Mais il était trop tard sans doute pour que Napoléon pût sagement gouverner. La haine des alliés allait plus chèrement encore lui faire payer ses triomphes passés, et ses suprêmes efforts ne purent aboutir qu'à un dernier et irréparable désastre, celui de Waterloo.

On sait que, lorsque les Bourbons furent revenus en France, les luttes entre les réactionnaires et les libéraux ne tardèrent pas à recommencer. Les réactionnaires eurent définitivement le dessus, parce que les libéraux de la bourgeoisie restèrent à peu près seuls à lutter. La masse du peuple, comme après une longue maladie où l'on a beaucoup souffert, resta accablée et sembla se désintéresser de tout.

Le gouvernement put ainsi entrer de plus en plus dans la voie de la réaction. Bien que la liberté individuelle eût été proclamée par la Charte, les cours prévôtales furent créées, et des tribunaux d'exception ne tardèrent pas à emprisonner tous ceux qui étaient notoirement connus pour leurs idées d'opposition.

En fait de libertés politiques, la Charte n'avait reconnu comme électeurs que les habitants qui payaient 300 francs d'impôts, ce qui donnait à peine 97,000 électeurs sur 30 millions d'habitants. Le gouverne-

ment trouva encore ce nombre exagéré et le réduisit
à 10,000.

Sans compter les chefs qui, comme le maréchal
Ney, furent impitoyablement fusillés, beaucoup d'officiers furent cassés ou mis à la retraite uniquement
pour avoir repris du service sous l'Empire. Certains
privilèges furent même rétablis ; une simple ordon-
nance déclara la pairie héréditaire, et les bourses
dans les lycées furent uniquement réservées aux enfants de la noblesse.

Toutes ces mesures de réaction, par trop exagérées,
finirent par provoquer le mécontentement de la partie modérée de l'opinion publique. Elle patienta
longtemps, mais peu à peu elle se fit représenter par
des Chambres de tendances libérales plus accentuées.

Charles X, qui, depuis qu'il avait succédé à son
frère Louis XVIII, n'avait encore fait que se montrer
de moins en moins conciliant, crut pouvoir, par des
mesures violentes, se rendre définitivement maître
de l'opposition. Il promulgua les Ordonnances de
Juillet, qui annihilaient la liberté de la presse et
modifiaient le système électoral d'une manière encore plus restrictive.

Il ne fit ainsi qu'exaspérer l'opinion publique, et
c'est alors qu'éclata la révolution de Juillet. Le
peuple, revenu de l'accablement que lui avaient
causé les défaites de l'Empire, s'était levé à l'appel
de la bourgeoisie pour reconquérir ses libertés ; le
gouvernement ne put longtemps résister et Charles X
fut obligé de s'enfuir et de s'exiler.

Cette nouvelle victoire du peuple prouvait qu'il avait pour lui non seulement le nombre, mais la force, et qu'il fallait désormais augmenter sa part de souveraineté, si l'on ne voulait pas qu'il la gardât tout entière. C'est ce qu'allait essayer de faire le gouvernement suivant, celui de Louis-Philippe.

MONARCHIE DE 1830.

Le duc d'Orléans, Louis-Philippe, avait su gagner les sympathies du peuple et de la bourgeoisie par ses tendances libérales. On savait qu'il avait autrefois combattu dans les armées de la Révolution, et qu'il s'était refusé à prendre avec les émigrés et les gouvernements alliés les armes contre la France, se contentant de subir l'exil avec dignité, dans une position voisine de la misère.

Aucuns liens trop puissants ne le rattachant ainsi ni à la noblesse, ni au clergé, le nouveau gouvernement allait pouvoir s'appuyer sur des classes plus nombreuses de la nation, et répondre à leurs aspirations en cherchant loyalement à concilier les idées nouvelles et les anciens principes.

On sait que, grâce à son honnêteté et à l'habileté de ses ministres, Louis-Philippe put ainsi parvenir à assurer à la France dix-huit années de paix et de prospérité. Malgré la sagesse de son gouvernement, la monarchie finit encore cependant par être renversée par une révolution.

Bien que les évènements de cette époque soient encore bien récents, on peut facilement, en suivant ainsi dans son ensemble la marche des progrès de la démocratie, se rendre compte de l'origine des causes qui firent alors échouer la monarchie. Ces causes sont, en effet, aussi celles qui devaient encore se manifester un peu plus tard, à la fin du second empire. Elles étaient surtout dues à la très grande difficulté, sinon à l'impossibilité même, de parvenir à concilier avec les besoins d'expansion et de liberté de la démocratie, qui, en raison même de ses progrès, tendent sans cesse à augmenter, le maintien de l'autorité de gouvernements trop absolus, qui ne peuvent, sans s'affaiblir et marcher à leur perte, la voir diminuer.

L'histoire montre ainsi que le gouvernement de Louis-Philippe put longtemps répondre aux aspirations de la majorité de la nation, parce qu'au lieu de gouverner uniquement avec la noblesse et les classes privilégiées, comme les gouvernements de la Restauration, il put s'appuyer sur les classes beaucoup plus nombreuses de la bourgeoisie. Il parvint, grâce à elles, à tenir longtemps tête à l'opposition, malgré l'acharnement des partis, qui sans cesse multipliaient les attentats et les violences. Mais un moment vint où, les idées de liberté ayant fait dans le peuple de plus en plus de progrès, le gouvernement devenu trop conservateur n'eut plus que l'appui d'une fraction trop restreinte de la nation.

Il s'agissait alors, il est vrai, de favoriser les classes

beaucoup plus nombreuses de la bourgeoisie et non
plus la noblesse, mais le résultat fut le même. Le
peuple, qui avait si puissamment contribué au
triomphe de la dernière révolution, finit par s'en
trouver mal récompensé par des lois électorales trop
restreintes qui, tout en le soumettant à de lourdes
charges, le laissaient en dehors de ce qu'on appelait
le pays légal, et annulaient par suite son action dans
le gouvernement.

Il eut alors d'éloquents défenseurs, qui lui rappe-
lèrent qu'il participait directement au pouvoir sous
la Révolution, et que, même sous l'Empire, il n'avait
du moins été sous la domination d'aucune classe. Il
reprocha à la monarchie d'invoquer injustement le
principe de la souveraineté du peuple, puisqu'elle ne
voulait pas descendre jusqu'à lui. Ce fut cette inconséquence, qu'on ne pouvait faire cesser qu'en modi-
fiant le gouvernement dans son principe, qui devait
fatalement entraîner la chute du gouvernement de
Louis-Philippe.

La nouvelle révolution se fit, en effet, surtout au
nom de la réforme électorale. Le roi aurait pu sans
doute encore cette fois parvenir à dominer l'émeute ;
mais il était vieilli, fatigué. Quand il vit qu'une partie
de la bourgeoisie l'abandonnait et qu'il ne pouvait
qu'en abdiquant satisfaire les révolutionnaires, dont
les chefs ne cherchaient qu'à s'emparer du pouvoir,
pour éviter une trop grande effusion de sang, il fit
comme avant lui Charles X, il aima mieux renoncer
à la lutte et s'exiler.

RÉPUBLIQUE DE 1848.

En renversant de nouveau la monarchie pour exercer directement son droit de souveraineté, le peuple qui, toujours aussi inexpérimenté, avait encore mis à sa tête bien plutôt des démagogues que des hommes de gouvernement, n'allait pas tarder à retomber dans les mêmes exagérations et les mêmes dangers que sous la première révolution. Il allait encore se laisser entraîner par les fausses promesses des doctrinaires qui, non contents de lui voir assurées l'égalité politique comme l'égalité civile, lui faisaient entrevoir la possibilité d'arriver à l'égalité de fait par le partage et la communauté.

On sait où devaient bientôt aboutir ces dangereuses doctrines. Entraîné par l'opinion publique, le gouvernement essaya de les mettre en pratique; mais il fut bientôt obligé de s'arrêter, en reconnaissant les impossibilités où elles conduisaient. Le peuple ne comprit qu'une chose, c'est qu'on manquait aux promesses qu'on lui avait si imprudemment faites. Il se révolta, et c'est de là que sortit finalement la terrible insurrection de juin 1848, une des plus sanglantes guerres civiles de ce siècle.

En étudiant la marche des progrès de la démocratie, et sans vouloir cependant y mettre aucun parti pris, on est obligé d'insister sur ces dangereuses expériences. Ce sont, en effet, pour elle des obstacles qui, comme de dures montées sur une route, rendent plus difficile le but à atteindre, mais qui souvent aussi, quand ils sont surmontés, permettent enfin de mieux le voir, et donnent de nouvelles forces pour y arriver.

On sait que, dès les premières années du règne de Louis-Philippe, les doctrines communistes de Babeuf avaient été reprises par Cabet sous une autre forme. Il fallait, suivant lui, commencer par tout centraliser aux mains de l'Etat dans d'immenses ateliers, pour mieux parvenir ensuite à tout partager. La mise en pratique de cette doctrine, qu'il devait plus tard essayer d'appliquer en Amérique, ne devait aboutir qu'à démontrer la fausseté du principe. Malgré l'honnêteté et le désintéressement des chefs, les plus grandes divisions ne tardèrent pas à éclater dans les petites colonies. Cabet lui-même dut s'en exiler, et les Icariens, ses disciples, se séparèrent bientôt définitivement, pour la plupart ruinés.

D'autres utopistes, les Fouriéristes et les Saint-Simoniens, avaient aussi essayé, sous le règne de Louis-Philippe, de propager leurs doctrines. Ils tenaient plus de compte de la diversité des aptitudes, des inégalités de force et d'intelligence, et n'aboutissaient plus à l'égalité absolue; mais ils voulaient encore, en réorganisant la famille et la société, s'écarter des bases naturelles, que l'expérience humaine leur a depuis si longtemps assignées.

Les grands philosophes du xviiiᵉ siècle, Diderot, Rousseau, avaient soigneusement évité, dans leurs

projets si hardis de réformes, de tomber dans des
erreurs de ce genre. S'ils parlaient de se rapprocher
de la nature, c'était surtout pour réagir contre les
vices et les abus de l'ancienne société. Mais ils com-
prenaient au moins qu'il fallait avant tout respecter
les sentiments naturels d'affection, qui pousseront
toujours un père à vivre et à travailler pour les
siens, plutôt que pour des étrangers.

C'est heureusement ce que comprirent aussi après
eux la plupart des hommes politiques de la Révolution. Et c'est ce qui leur avait permis, en posant
les principes de la nouvelle organisation sociale,
d'accomplir une œuvre féconde et durable.

Toutes ces fausses idées, aboutissant à des
systèmes variés de communisme, étaient cependant
représentées comme de légitimes revendications aux
ouvriers, qui étaient alors attirés en grand nombre
dans les villes et surtout à Paris, par les énormes
développements que prenait l'industrie. Aussi, quand,
après la Révolution de 1848, ils furent devenus
maîtres du gouvernement, ils n'eurent rien de plus
pressé que d'essayer de mettre en pratique quelques-
unes de ces théories, qui leur promettaient toutes
d'ailleurs d'assurer à jamais le bonheur et la paix
de l'Humanité.

La plupart de ces systèmes étaient cependant si
compliqués et manquaient à tel point de clarté que
l'essai même en devenait impossible. Il n'y eut
guère que Louis Blanc, qui se rapprochait des idées
de Saint-Simon, sans tomber dans le mysticisme et

les ridicules exagérations de ses autres disciples,
qui put se faire comprendre en revendiquant sommairement le droit au travail.

Il voulait que, si, longtemps encore, on devait
attendre la réalisation de la belle devise de l'école
saint-simonienne « A chacun suivant sa capacité, et
à chaque capacité suivant ses œuvres », la liberté
du travail ne fût plus dès lors un vain mot, et que
chacun eût désormais non seulement le droit, mais
aussi la possibilité matérielle de vivre en travaillant.

Les ouvriers, qui si souvent dans l'industrie
souffrent du chômage, s'enthousiasmèrent pour cette
idée, et le nouveau gouvernement qui, grâce à eux,
venait de triompher, se laissa entraîner à garantir
pour tous ce droit au travail, qu'ils réclamaient. Il
allait ainsi beaucoup plus loin que ne l'avaient fait
jusqu'alors les régimes précédents, qui s'étaient contentés, pour donner satisfaction aux aspirations du
peuple, de suivre les traditions de la Convention, et
de chercher à faciliter pour chacun, en développant
plus ou moins l'instruction, les moyens de gagner
sa vie. Il est vrai que l'instruction même poussée assez
loin ne suffit pas toujours à les assurer, et on n'en
voit malheureusement maintenant encore, malgré sa
gratuité, que trop d'exemples.

Le peuple était donc, en réalité, excusable de
croire qu'il y avait pour lui dans cette voie quelque
chose à tenter. Soit cependant que les tentatives
qui furent alors faites eussent été mal conçues et
mal exécutées, soit plutôt que la démocratie ne fût

pas encore assez avancée dans son développement,
le gouvernement ne put alors aboutir qu'à des impossibilités, qui entraînèrent bientôt pour lui les
plus grands dangers.

On sait que Louis Blanc, nommé président d'une
commission ouvrière, qui siégeait au Luxembourg,
avait exigé, pour la mise en pratique de ses idées,
que le gouvernement fît ouvrir dans les grandes
villes des Ateliers nationaux. L'expérience ne tarda
pas à prouver que l'Etat ne peut prendre lui-même
la direction d'entreprises de ce genre, qui, par cela
même que les intérêts et les responsabilités ne sont
pas assez directement engagés, ne font que péri-
cliter entre ses mains. Pour ne pas continuer à
gaspiller inutilement l'argent des contribuables, le
gouvernement fut bientôt obligé de fermer les
ateliers ; et cet essai de socialisme, qui fut aussi sans
doute un peu trop brusquement terminé, aboutit
alors à une sanglante guerre civile.

Les ouvriers employés dans les ateliers, dont le
nombre s'était élevé à plus de 100,000, en se voyant
du jour au lendemain licenciés et privés de tout
secours, se crurent trahis, bien qu'un gouvernement
trop faible et incapable n'eût fait qu'ajouter foi
comme eux à de fausses promesses. De nombreuses
barricades couvrirent Paris, et on put pendant plusieurs jours s'y égorger aux mêmes cris répétés de :
Vive la République ! et, Vive la Liberté !

Dans cette guerre civile, et c'est ce qui la rendit
si sanglante, commencèrent à se faire sentir ces

haines de classes, conséquences funestes des fausses
idées d'égalité, qui menacent toujours de faire courir à la démocratie les plus grands dangers, si elle
ne s'efforce par tous les moyens de les atténuer.
Elles eurent alors pour résultat d'entraîner pour la
seconde fois la chute de la république. Vers la fin
du règne de Louis-Philippe la province s'était, en
effet, associée avec joie aux banquets réformistes,
parce qu'elle désirait depuis longtemps, comme Paris, l'extension des droits de suffrage; mais elle fut
à juste titre effrayée, quand elle vit de nouveau
éclater une terrible guerre civile.

Les paysans, qui forment de beaucoup en France
la majorité de la nation, ne comprirent rien à ces
doctrines de droit au travail, sinon qu'elles pouvaient conduire au partage du peu qu'ils avaient, et
que leur ambition était au contraire de toujours augmenter. Ils savaient bien que la république leur
avait assuré le suffrage universel. Mais ils ne pouvaient guère, en voyant les désordres si graves où il
entraînait le pays, s'enthousiasmer pour lui. Aussi
ne devaient-ils pas tarder, comme après le Directoire, à se dégoûter de la liberté. Et bientôt Louis
Napoléon, le neveu du grand empereur, sans même
avoir besoin comme lui du prestige de la victoire, et
en se contentant de promettre le rétablissement de
la tranquillité, allait pouvoir s'imposer de nouveau
au pays et fonder le second empire.

On sait quelles ont été pour la démocratie les
principales conséquences des évènements si récents

du second empire. Après avoir de nouveau tout centralisé entre ses mains suivant les traditions du régime impérial, et après avoir usé des mesures les plus violentes contre ses adversaires, Napoléon III parvint à assurer pour longtemps le calme à l'intérieur. Malheureusement aussi, par suite même des tendances du régime impérial et contrairement à ses promesses, il devait encore entraîner la France dans des guerres continuelles, et l'histoire dira plus tard si les avantages que ces guerres ont rapportés n'ont pas été finalement trop chèrement payés.

Vers la fin du second empire, quand avec la malheureuse expédition du Mexique allaient commencer les défaites, un réveil des aspirations libérales se produisit, comme à la fin du règne de Philippe.

Le peuple, qui commençait à perdre confiance, voulut que l'empire lui fît une part plus grande de souveraineté. C'est alors que Napoléon III essaya de répondre à ses aspirations, en suivant une politique plus libérale; mais le gouvernement ne fit ainsi, comme tous les régimes d'autorité, qui par leurs concessions se mettent en contradiction avec leurs principes, que s'affaiblir de plus en plus. Ses tentatives de réformes n'allaient sans doute pas tarder à échouer et menaçaient d'aboutir à une révolution, quand la terrible guerre de 1870 vint, en la provoquant subitement, mettre fin aux expériences.

Un important progrès n'en avait pas moins été définitivement consacré par l'empire dans l'organisation politique de la démocratie. L'empire avait fini

par reconnaître, comme la Monarchie, qu'en matière de gouvernement un régime constitutionnel et
parlementaire était désormais nécessaire ; et, allant
plus loin que ne l'avaient fait jusqu'alors les régimes
d'autorité, il avait aussi admis, comme la république, le principe du suffrage universel.

A travers tous les changements de régimes de ce
siècle, la démocratie était ainsi parvenue en politique à s'assurer les trois grandes conquêtes de l'é-
galité civile, du régime parlementaire et du suffrage
universel, dont allait pouvoir enfin profiter la République pour la troisième fois proclamée.

Il resterait à voir quels ont été les principaux progrès accomplis depuis par la démocratie ; mais,
quand on touche à une époque de l'histoire aussi
rapprochée, on entre forcément dans la politique
courante. Il ne s'agit plus de chercher à se rendre
compte de la route déjà parcourue ; mais bien plutôt d'essayer de voir, comme on s'est proposé de le
faire dans la seconde partie de cette étude, quelle
est celle qui reste encore à parcourir.

Il devient dès lors indispensable, comme on l'a
vu par l'exposé précédemment fait des principes de
la méthode de politique positive, de s'appuyer sur
les lois de l'évolution sociale, pour ne pas s'égarer
au milieu des contradictions des systèmes. C'est
donc à la détermination de quelques-unes des plus
importantes de ces lois qu'on va maintenant s'attacher, comme conclusion de la première partie de
cette étude.

CHAPITRE IV

Principales lois de l'évolution de la Démocratie.

Après avoir vu, par l'étude des principales réformes accomplies, quels ont été les principes et les idées qui ont exercé le plus d'influence au cours de ce siècle, il reste maintenant, pour suivre la marche indiquée dans la méthode de politique positive, à essayer de dégager par la comparaison de celles de ces réformes qui se rattachent au même ordre d'idées quelques-unes des lois les plus remarquables de l'évolution sociale et politique de la société nouvelle.

Cette détermination, en raison même de la multitude des faits et de leur complexité, serait sans doute toujours restée d'une grande difficulté, et seuls les hommes naturellement doués d'une grande justesse de vue en politique, et qui s'en assimilent en quelque sorte par intuition les principes, auraient pendant longtemps encore pu y prétendre, si Auguste Comte n'avait pris soin d'en vulgariser lui-

5.

même la notion en la faisant dériver de l'application
de ce principe si simple de sa méthode :

« Si l'on parvient à constater par les enseigne-
« ments de l'histoire (c'est-à-dire par l'étude des
« réformes et des institutions par lesquelles elles se
« sont successivement manifestées) qu'à partir d'un
« certain moment la puissance exercée par une idée
« sociale ou par une doctrine a toujours été soit
« en augmentant soit en diminuant, on pourra par
« là même prévoir le sort qui leur est finalement
« réservé ; *car, de la série d'observations faites, la*
« *loi qui les gouverne pourra se dégager... »*

Ce principe rend la recherche des lois de l'évolution facile. Il en résulte, en effet, ce qui est d'ailleurs
de soi-même évident, que les lois d'évolution des
idées ne sont autres que les lois d'évolution des réformes et des institutions, par lesquelles elles se
sont manifestées.

Si donc on a commencé par chercher, comme
on l'a fait dans les chapitres précédents, quels sont,
à partir d'une époque déterminée, les idées et les
principes qui ont exercé le plus d'influence sur les
réformes accomplies dans la suite des événements
historiques, il suffira ensuite, pour trouver les lois
d'évolution de ces idées et de ces principes, de
grouper et de rapprocher dans chaque ordre de
matières les principales réformes qui en sont ré-
sultées.

Ce groupement conduira en effet forcément à des
comparaisons, qui permettront facilement de cons-

tater, *si à partir d'un moment donné la puissance exercée par ces idées ou par ces principes a sans cesse été soit en augmentant soit en diminuant.*

Ces constatations aboutiront, quand elles porteront sur des données suffisantes, aux lois cherchées, lois dérivant elles-mêmes de ces grandes lois d'évolution, qui agissent non-seulement sur les êtres animés, mais aussi sur les mœurs et les institutions humaines; et c'est ainsi que, comme le dit Auguste Comte, « *de la série d'observations faites, la loi qui les gouverne pourra se dégager* ».

On va essayer de faire brièvement quelques applications de cette méthode, en passant successivement de l'organisation sociale à l'organisation politique, comme on l'avait fait dans les chapitres précédents.

§ 1. — *Lois de l'évolution sociale.*

On a vu précédemment qu'un des principes qui ont exercé le plus d'action sur les réformes accomplies au cours de ce siècle dans l'organisation sociale de la démocratie a été ce principe même de l'égalité civile, qui devait entraîner dès le début de la révolution de si importantes conséquences, par l'abolition des privilèges de toutes sortes jusqu'alors attachés à la naissance ou à l'hérédité.

Si l'on voulait suivre dans son développement la loi d'évolution de cette idée d'égalité, il faudrait re-

monter à l'esclavage et aux origines connues des
plus anciennes sociétés. Dans des temps plus rap-
prochés, l'histoire tout entière du moyen âge repose essentiellement, comme on l'a vu en étudiant les
origines des principes de la Révolution, sur l'évolution de cette même idée d'égalité civile, qui a poussé
successivement les différentes classes du peuple à
chercher à s'affranchir de toutes les obligations
féodales, en partant des durs liens du servage.

La révolution devait couronner l'œuvre. Dans la
nuit du 4 août, toutes les distinctions de classes sont
abolies, et il en résulte directement la suppression de
la noblesse, classe jusqu'alors dominante. La société
ne sera plus désormais divisée qu'en deux classes,
le peuple et la bourgeoisie. C'est cette conséquence
si importante de l'idée d'égalité, qui va désormais
marquer l'avénement d'une ère nouvelle, celle de la
démocratie.

D'importantes mesures restrictives devaient cependant encore être apportées, au cours de ce siècle,
à ce principe fondamental de l'égalité civile. On sait
que les gouvernements de la Restauration rendirent
au moins à la noblesse ses titres, à défaut de ses
anciens privilèges ; et, qu'avant même, l'Empire
avait aussi essayé de lui redonner, comme à l'origine, tout l'éclat de la gloire militaire.

Mais ces tentatives rétrogrades n'ont, en réalité,
que bien peu influé sur la loi de progression des
idées d'égalité. Elle a continué à se manifester dans
l'organisation sociale par l'opposition entre les deux

classes restantes, le peuple et la bourgeoisie, qui
tend de plus en plus à s'accentuer, surtout dans les
rapports entre capitalistes et salariés.

On voit par là même que, bien loin de tendre à
revenir en arrière, la démocratie évolue au contraire définitivement, comme l'ont fait remarquer
Auguste Comte et après lui tous ceux qui se sont
occupés de la science sociale, vers une ère nouvelle,
celle du régime industriel des sociétés.

Les conséquences qu'ont entraînées les idées d'é-
galité dans le mode d'organisation de la propriété
ont pour la plupart abouti promptement à des réformes définitives, par rapport du moins à la période
historique étudiée. C'est ainsi que les questions de
l'abolition des fiefs, du rachat des droits féodaux,
celles mêmes de la vente des biens nationaux et des
indemnités à allouer à la noblesse et au clergé, une
fois réglées, n'ont plus été depuis remises en question.

Il a, au contraire, fallu dans certaines matières
spéciales réagir contre les exagérations de principes,
où s'étaient laissés entraîner les hommes politiques
de la Révolution. C'est ainsi qu'en matière pénale
ils avaient établi, par une fausse application des
principes d'égalité civile, un système de peines in-
variables et sans atténuation possible.

Les gouvernements suivants comprirent que, si
l'égalité voulait que les mêmes crimes fussent éga-
ment châtiés, que le coupable fût riche ou pauvre,

noble ou roturier, les véritables sentiments de justice et d'humanité commandaient aussi de tenir compte des divers degrés de culpabilité.

Le Code pénal de Napoléon commença par admettre pour les peines un maximum et un minimum, mais ce mode d'atténuation n'était pas applicable à la peine capitale. C'est pour remédier à ce grave inconvénient qu'on en vint, sous Louis-Philippe, au système si humanitaire et si philosophique des circonstances atténuantes, qui abaissent toujours la peine en matière criminelle d'au moins un degré, et qui permettent en matière correctionnelle de réduire à une simple amende les peines les plus graves.

On voit donc que, bien loin d'être des mesures rétrogrades, ces restrictions apportées au principe insuffisant en matière pénale de l'égalité des peines n'ont fait cependant que marquer encore une série de progrès.

On sait qu'à côté de l'égalité civile et comme son complément nécessaire, la liberté individuelle avait aussi été solennellement proclamée, dès le début de la Révolution, et sanctionnée par l'abolition des lettres de cachet.

Les diverses constitutions, qui se sont depuis succédé en France, ont aussi toutes garanti ce principe ; ce qui, le plus souvent d'ailleurs, n'a pas empêché les gouvernements d'y porter gravement atteinte en pratique. Il est vrai qu'au cours de ce siècle, les passions et les luttes politiques ont été si

violentes qu'elles devaient forcément donner lieu
à l'arbitraire et aux mesures d'exception.

Il faut cependant regretter que la liberté individuelle, cette conquète si importante pour la démocratie, ne soit pas encore mieux assurée, et qu'une
loi spéciale, comme celle de l'*habeas corpus* en Angleterre, ne soit pas encore venue plus directement
la sauvegarder que les promesses des constitutions.

S'il s'agit non plus de la liberté individuelle, mais
de celle du commerce et du travail, il n'y a guère
besoin d'insister pour montrer l'influence sans cesse
croissante exercée par ce principe au cours de ce
siècle.

C'est sur lui que repose l'organisation du travail
dans la société actuelle ; et on peut justement lui attribuer une action des plus efficaces sur les énormes
développements pris par le commerce et l'industrie,
ainsi que sur l'accroissement si grand de la richesse
sociale, qui en sont résultés.

Mais il faut cependant par contre aussi reconnaître,
comme l'a d'ailleurs dès maintenant démontré l'évolution économique accomplie par la démocratie,
qu'à côté de ses avantages si grands et si manifestes,
ce principe de la liberté du travail entraîne en pratique de graves inconvénients, dus à ses exagérations
mêmes.

On sait, en effet, que, dès le début de la Révolution, l'Assemblée constituante, reprenant les idées
si élevées et si humanitaires de Turgot, avait reconnu
pour tout homme, dans la liberté de travailler, un

droit de propriété, qu'elle avait justement proclamé comme le plus sacré et le plus imprescriptible de tous.

Les jurandes, les maîtrises, les entraves de tout ordre encore apportées au travail furent alors comme contraires à ce droit définitivement abolies ; et, sous l'influence d'une science nouvelle, l'économie politique, qui se créait en prenant pour base le principe même de la liberté du travail, la démocratie a commencé à évoluer vers une nouvelle organisation commerciale et industrielle, caractérisée par des tendances individualistes de plus en plus accentuées.

Il en est résulté que la société s'est de plus en plus trouvée divisée en deux classes dont les intérêts sont opposés, les capitalistes et les salariés. Des luttes sanglantes ont déjà éclaté entre elles, et elles menacent de se renouveler, parce que ce régime de la concurrence aboutit incontestablement à de fort dures conditions, surtout pour les salariés.

On comprend donc aisément le succès qu'ont eu certaines doctrines socialistes, qui disaient qu'on ne devait pas se contenter de proclamer le droit au travail, mais qu'on devait aussi chercher à en assurer à chacun l'exercice. Là pourtant n'était pas la vraie route, car on sait à quels résultats funestes ont abouti les tentatives faites dans ce sens sous la seconde République.

Malgré cet échec, la démocratie ne pouvait cependant méconnaître les dangers qui résultent des exagérations de ce principe de la liberté du travail et dont elle n'a déjà eu que trop souvent des preuves.

Elle a cherché pour atténuer les résultats funestes
des luttes de la concurrence, et pour réagir contre
l'abus des tendances individualistes, à encourager
la formation de sociétés d'assurances, de secours
mutuels, de syndicats de patrons et d'ouvriers. Elle
a déjà beaucoup fait ; mais on verra plus loin, par
l'exposé de quelques-unes de ces doctrines socialistes,
qui à côté de grossières erreurs renferment tant de
justes revendications, qu'il lui reste encore beaucoup
à faire.

Si l'on passe des réformes ayant trait à la condition des individus à celles qui ont été faites dans
l'organisation de la famille, le peu de changements
qui, au cours de ce siècle, y ont été apportés, prouve,
comme on l'a vu précédemment, que la plupart des
réformes, faites à cet égard par les assemblées de la
Révolution et plus tard sanctionnées par le Code
civil, étaient depuis longtemps devenues nécessaires.
L'évolution, pour la plupart d'entre elles, s'était
faite peu à peu au siècle précédent, sous l'influence
des idées philosophiques et des progrès mêmes de la
civilisation. La Révolution n'eut donc en réalité qu'à
les faire passer dans la législation ; et, comme elles
étaient en rapport avec les mœurs et les besoins,
elles purent dès lors aboutir à des résultats féconds.

C'est ainsi que les abus si choquants de la puissance maritale et paternelle purent alors prendre fin
irrévocablement, et qu'un des principes fondamen-
taux de la hiérarchie de l'ancienne société, le droit
d'aînesse, put aussi aboutir sans difficulté au prin-

cipe de l'égalité du partage dans les successions.

Il se produisait depuis longtemps dans la société française, au sujet de ce principe si important de l'égalité du partage dans les successions qui, en assurant sans cesse la division des fortunes, est devenu le véritable fondement de la nouvelle organisation sociale, une évolution analogue à celle qui s'était autrefois faite dans la société romaine. Ce qui le prouve, et ce qui montre par là même la vérité et le caractère de nécessité des lois de l'évolution historique, c'est que les législateurs du premier Empire n'eurent guère dans toutes ces questions d'hérédité, pour répondre aux besoins et aux aspirations populaires, qu'à copier la législation des ministres de l'empereur Justinien, qui avait aussi autrefois consacré, autant du moins que permettait alors de le faire l'état de la civilisation, le triomphe des idées démocratiques.

Ces grandes réformes sociales furent complétées par une importante réforme administrative, la sécularisation des actes de l'état civil, qui prit aussi de suite un caractère définitif.

Les anciennes attributions de l'Eglise en cette matière ne pouvaient se concilier qu'avec son omnipotence. Quand les progrès de la liberté de conscience eurent permis le libre exercice des religions de tous dogmes, on ne pouvait raisonnablement faire qu'une chose, attribuer aux ministres des différents cultes la constatation des naissances et des décès de ceux qui les pratiquaient.

C'est ce qu'avait justement cherché à faire Henri IV dans l'Edit de Nantes ; mais son exemple ne devait malheureusement pas être suivi par les autres rois de France. C'est aussi, d'ailleurs, ce qui subsiste toujours dans les pays, qui n'ont pas encore admis la sécularisation des actes de l'état civil.

Il est incontestable, cependant, que le changement qui fut fait en cette matière sous la Révolution répond encore mieux aux besoins modernes. On ne peut accuser l'Etat de violer la liberté de conscience, s'il se contente de déterminer, indépendamment de toutes questions de religion, les règles qui servent de base à la constitution de la famille et par là même à son organisation. En s'attribuant en outre la rédaction des actes les plus importants de l'état civil, il ne fait ainsi que se faciliter les moyens de remplir une de ses plus importantes attributions, celle de veiller au maintien des lois et à leur observation.

On voit donc, en résumé, qu'en partant de la Révolution, on ne peut constater pour les progrès accomplis dans l'organisation sociale par la démocratie aucune loi d'évolution bien caractérisée.

La raison en est, comme on l'a vu précédemment, que la plupart des réformes faites dans l'organisation sociale au début de ce siècle étaient depuis longtemps devenues nécessaires, et que, pour en suivre les principes dans leur développement, il faudrait remonter beaucoup plus loin.

Cette constatation n'est point faite pour amoindrir

l'œuvre accomplie dans l'organisation sociale, par
les hommes politiques de la Révolution. Il leur restera toujours dans l'histoire, à cet égard, le plus beau
titre de gloire qu'elle puisse leur décerner, celui
d'avoir compris les besoins de leur époque et su les
réaliser.

Si la démocratie a ainsi trouvé dès le début de la
Révolution des bases stables pour son organisation
sociale, les luttes acharnées des partis et les changements de gouvernements si fréquents au cours de ce
siècle suffisent à montrer qu'il n'en a pas été de
même dans l'organisation politique.

Là l'évolution des idées de la Révolution, bien
loin d'être faite, est encore en voie de s'accomplir.
C'est donc là surtout que pourra être d'un grand secours la méthode de Politique positive, pour permettre de découvrir quelques-unes de ces lois si importantes, mais encore si obscures, auxquelles
cette évolution est soumise.

§ 2. — *Lois de l'évolution politique.*

Il suffit d'étudier sommairement, comme on l'a
fait précédemment, les principales réformes accomplies au cours de ce siècle, pour se rendre compte que
dans l'organisation politique comme dans l'organisation sociale, ce sont les idées d'égalité et de liberté, qui ont exercé le plus d'influence sur les progrès de la démocratie.

Ce sont donc encore ces mêmes idées, qu'il faut s'attacher à suivre dans leurs principales manifestations, pour en dégager quelques-unes des plus importantes lois de l'évolution politique.

On est ainsi conduit à étudier parmi les plus remarquables principes dérivés de l'idée de liberté, ceux qui sont connus sous le nom même de libertés publiques, comme le droit de pétition, les droits de réunion et d'association, la liberté de la presse; et parmi les plus importantes conséquences de l'idée d'égalité, celles qui se rattachent aux rapports des individus avec la société comme l'égale admission aux emplois, les droits de suffrages, ou celles encore qui ne sont plus des droits, mais des obligations, comme les impôts, le service militaire.....

Droit de pétition. — Depuis la Révolution toutes les constitutions ont en principe reconnu le libre exercice de ce droit, qui par son caractère de généralité, le mettant à la portée des femmes et de ceux mêmes qui sont privés de tous les autres droits politiques, se rapproche des droits individuels.

Mais il ne suffit pas de reconnaître en principe un droit, il faut aussi pour qu'il devienne efficace en assurer l'exercice; et c'est alors qu'en politique plus qu'ailleurs encore, il y a souvent loin de la théorie à la pratique.

Le 'droit de pétition devait ainsi conduire à des résultats bien différents, par la manière arbitraire dont il s'est trouvé réglementé, suivant les tendances diverses des gouvernements.

On sait qu'il avait commencé par s'exercer directement et collectivement à la barre des premières assemblées de la Révolution, et qu'il n'aboutissait
ainsi, en réalité, qu'à fournir contre les représentants
de la nation de scandaleux moyens d'intimidation.

La Convention, quand elle chercha enfin, après
s'être affranchie du joug de Robespierre, à ramener
le calme dans le pays, sentit la nécessité de réagir
contre les abus qu'entraînait ainsi le droit de pétition. Elle décida que désormais les pétitions seraient
individuelles et qu'elles ne devraient jamais s'écarter
du respect dû aux autorités constituées.

Sous l'Empire chacun avait en principe le droit
d'adresser des pétitions au Tribunal; mais, en raison
des tendances d'absolutisme du gouvernement, leur
effet était en réalité à peu près nul.

Les Chartes de 1814 et de 1830 ne firent encore
qu'apporter à l'exercice de ce droit de nouvelles
restrictions, et désormais il ne put s'exercer que
par écrit.

Le second Empire attribua exclusivement au Sénat la connaissance des pétitions; mais tant que ses
séances se tinrent à huis clos cette innovation ne
put vraiment être considérée comme un progrès. Il
n'en fut ainsi, en réalité, que quand l'Empire, reconnaissant lui-même, qu'il n'avait pas besoin pour se
protéger de mesures si rigoureuses se décida à rendre publics les comptes rendus du Sénat, et par là
même à donner au droit de pétition de suffisantes
garanties de publicité.

La troisième République devait encore aller un
peu plus loin dans cette voie de progrès. Elle a cherché à laisser chacun libre d'user du droit de pétition
le plus largement possible, mais elle a aussi voulu
empêcher par de justes restrictions qu'il ne devienne un moyen d'action aux mains des révolutionnaires. On peut par suite maintenant en faisant les
pétitions par écrit et en ne les apportant pas collectivement les adresser à tous les pouvoirs publics.

Le droit de pétition suit ainsi une loi d'évolution
ascendante qui, suivant les règles mêmes de la méthode positive, ne peut manquer d'en faire pour la
démocratie une conquête définitive.

Droit de réunion. — Si par liberté de réunion
on entend la possibilité pour tous les citoyens de s'as-
sembler indépendamment de leurs opinions et du
sujet de leurs délibérations, on peut dire sans exagération que ce droit si nécessaire pour habituer la
démocratie aux vraies mœurs de la liberté n'exista
pas en réalité pendant la Révolution.

Il y eut bien les clubs qui exercèrent incontestablement une énorme influence, mais on sait à
quelles mesures violentes ils recouraient pour triompher de leurs adversaires. Lorsque les Jacobins furent maîtres du pouvoir, tous les clubs des royalistes, et même ceux des républicains modérés, furent fermés ; et, après la chute de Robespierre, ce fut
au tour des Jacobins d'être poursuivis et dispersés.
Tant que les clubs restèrent ainsi des foyers de
conspiration et les instruments des luttes des par-

tis, il ne pouvait s'agir de pratiquer les libertés publiques.

Sous l'Empire un premier progrès fut réalisé par le Code de 1810, mais dans de bien faibles limites. Le droit de réunion fut toléré, mais seulement pour des assemblées de moins de vingt personnes. Au-dessus de ce nombre, même s'il ne s'agissait pas de questions politiques, il fallait l'autorisation du gouvernement.

Les luttes des partis ont été si violentes en France au cours de ce siècle, que bien peu de progrès furent réalisés par les gouvernements suivants, qui, poussés par les nécessités mêmes de leur défense, ne s'écartèrent guère des rigoureuses prescriptions de Napoléon.

Le gouvernement de Louis-Philippe, sans cesse en butte aux conspirations, fut même malgré ses tendances libérales conduit à les aggraver encore. Il poursuivit les associations qui se divisaient en fractions de moins de vingt personnes, et il alla jusqu'à frapper, non seulement leurs chefs mais leurs simples membres, de peines très rigoureuses. En cas de récidive, ces peines pouvaient aller jusqu'à deux ans de prison et 2,000 francs d'amende, et elles entraînaient, en outre, la surveillance de la haute police.

Avec la Révolution de 1848 se produisit d'abord une réaction de sens contraire. Les clubs furent de nouveau librement ouverts; mais ils entraînèrent bientôt encore de tels abus que le gouvernement

provisoire fut aussi forcé d'y apporter d'importantes
restrictions par la loi de 1848 sur les sociétés se-
crètes. Les clubs ne purent plus, dès lors, se constituer en comité secret, et la présence d'un agent de
l'autorité revêtu de ses insignes y devint nécessaire.

En raison de ses principes, le gouvernement du
second empire ne pouvait encore qu'accentuer les
tendances rétrogrades en cette matière. C'est ce
qu'il fit en rétablissant non seulement le système
du premier Empire, mais en y ajoutant les restrictions de la loi de 1834 sur la responsabilité de tous
les membres, et celle de 1848 sur les sociétés se-
crètes.

Il en résultait que des réunions de plus de vingt
personnes ne pouvaient se former dans un but
quelconque sans une autorisation préalable du gouvernement, qui leur était d'ailleurs presque toujours refusée. Ceux qui enfreignaient cette défense
s'exposaient à l'amende, à la prison, à la surveillance de la haute police et à la perte de leurs droits
politiques. Les réunions électorales elles-mêmes
furent interdites.

Le second Empire aboutissait ainsi en réalité à
supprimer l'exercice du droit de réunion. Il devait,
cependant, quand il eut constaté l'inutilité de ces
mesures, qui ne faisaient qu'irriter l'opinion, finir
par revenir à des tendances plus libérales. Les réunions publiques où l'on ne s'occupait pas de politique furent de nouveau librement autorisées; et,
parmi les réunions électorales, celles où l'on s'oc-

cupait de l'élection des députés, purent aussi avoir
lieu sous la surveillance d'un agent de l'autorité et
après une demande d'autorisation signée de 7 personnes.

On sait que le régime actuel, reprenant encore en
cette matière les véritables traditions de progrès, a
cherché à accorder définitivement à l'exercice de ce
droit si important toutes les facilités qui pouvaient
se concilier avec le maintien de l'ordre et de la tranquillité publique. Les réunions électorales de tout
ordre sont maintenant permises moyennant une
simple déclaration et sans être soumises à aucune
surveillance. En cas de troubles et de violences com-
mises, ce sont uniquement leurs auteurs qui sont
poursuivis, et alors seul le jury est compétent.

La France est ainsi entrée heureusement dans la
voie que lui avait tracée depuis longtemps l'Angleterre, et qui est celle que doivent suivre tous les
peuples vraiment épris de liberté.

On sait, en effet, que dans ce pays la pratique
constante du droit de réunion a fini par le rendre à
peu près sans danger. C'est ainsi que des meetings
de plus de cent mille hommes peuvent s'y organiser,
sans que la tranquillité publique soit sérieusement
troublée. Comme chacun a le droit de convoquer ses
concitoyens où il le juge bon pour leur exposer ses
idées, il n'y a pas besoin d'organiser de sociétés se-
crètes ; et les utopistes, dont les conceptions sont
soumises à la libre discussion, ne parviennent pas
facilement à abuser de la crédulité publique.

Tout en tenant compte des différences de races, et, sans aller jusqu'à croire que le sens pratique si remarquable du peuple anglais tient uniquement à l'habitude qu'il a prise du droit de réunion, on peut donc sans exagération admettre qu'il a beaucoup dû contribuer à l'augmenter, et par suite aussi espérer qu'en France il en sera de même.

La démocratie n'a donc, dans la pratique de ce droit, qu'à se conformer à la loi d'évolution, où il semble dès maintenant entré définitivement, c'est-à-dire à chercher à y apporter de moins en moins de restrictions.

DROIT D'ASSOCIATION. — Ce droit est le complément nécessaire et la consécration de la proclamation des principes de la liberté du commerce, de la liberté de conscience et de celle de la presse, qui resteraient le plus souvent à l'état de pures spéculations, s'ils ne pouvaient se manifester par l'association sous toutes ses formes. Il en est aussi de même pour le droit de réunion. S'il n'était pas complété par la liberté d'association, il ne permettrait que de constater une communauté de vues momentanée, et il ne pourrait pas aboutir aux obligations réciproques librement consenties et aux groupements de forces individuelles, qui seuls le rendent efficace.

La liberté d'association sous toutes ses formes est donc un des droits les plus importants de la démocratie.

Il a déjà, sans doute, à cet égard beaucoup été fait, et le régime actuel, en laissant jouir d'une li-

berté entière toutes les associations ayant un caractère philanthropique, scientifique ou littéraire, a
justement établi entre les actes politiques et les actes
non politiques une distinction que les autres gouvernements s'étaient à tort refusés à admettre; mais
on peut cependant, sans crainte d'erreur, affirmer
qu'il reste encore beaucoup à faire.

C'est, en effet, principalement dans l'exercice de
ce droit que, comme l'ont fait depuis longtemps remarquer Laboulaye, de Tocqueville et tant d'autres
publicistes éminents, les sociétés modernes doivent
chercher à trouver un contrepoids suffisant à l'omnipotence de l'Etat. C'est l'association qui seule
pourra réagir efficacement contre l'exagération des
tendances individualistes, et permettre aux forces
individuelles, en se groupant, de lutter contre les
abus d'autorité.

Mais ces nouvelles conquêtes de la démocratie se
feront peut-être encore malheureusement longtemps
attendre. L'association, qui semble devoir assurer
dans l'avenir tant de bienfaits, a aussi commencé
par entraîner pour les sociétés modernes de grands
dangers, surtout dans les pays où, comme en France,
elle sert de moyens d'attaque à des partis d'opposition irréconciliables. Au lieu de se contenter, en effet, de chercher à agir sur l'opinion publique par
les moyens légaux et à obtenir ainsi des gouvernements les réformes qu'ils jugeaient nécessaires, sous
tous les régimes, les partis d'opposition, par suite
même des trop grandes divisions d'opinions, ont

surtout visé à s'emparer du pouvoir. Les gouvernements de leur côté n'ont guère tenu compte que des nécessités de leur défense, et c'est ce qui a forcément arrêté le droit d'association et les autres libertés publiques dans leur développement. C'est aussi ce qui explique que dans les pays où, comme en Angleterre, les divisions politiques sont moins grandes et où la forme même du gouvernement n'est plus depuis longtemps mise en question, ce droit ait pu prendre tant d'extension. La question de l'évolution du droit d'association et celle de ses nouveaux développements, en France si nécessaires, se trouve donc liée, plus que toute autre encore, à la question même de la stabilité des institutions politiques de la démocratie. On verra plus loin, en étudiant le droit de suffrage dans les nouvelles extensions, qu'il est susceptible de prendre par le système des élections graduelles, quelles sont les réformes, qui semblent désormais devoir le plus efficacement contribuer à assurer cette stabilité.

LIBERTÉ DE LA PRESSE. — En voyant la manière dont s'est exercée cette liberté sous la plupart des gouvernements de ce siècle, on pourrait de suite en conclure qu'il ne s'agissait pas là en réalité de la manifestation de l'un des droits de l'ordre le plus élevé de la nature humaine, la liberté de la pensée, mais uniquement de pures concessions et des effets de la tolérance du pouvoir.

S'il n'y a pas, en effet, de questions qui aient été plus souvent soulevées en France que celles qui se rattachent à la liberté de la presse, il n'y en a pas non plus qui aient abouti dans la législation à une aussi grande accumulation de mesures restrictives de tout ordre.

La raison de cet état de choses est facile à trouver, et elle suffit à faire ressortir toute l'importance de la liberté de la presse. C'est elle qui, par suite même des progrès de la civilisation, qui ont changé non seulement le caractère des aspirations populaires, mais leur manière même de se manifester, est dès maintenant devenue le principal instrument des luttes des partis. Sous tous les régimes, ceux qui sont arrivés au pouvoir se sont naturellement efforcés pour s'y maintenir de trouver de nouvelles armes contre leurs adversaires, et c'est ainsi que s'est produit dans la législation de la presse un amas de lois et de décrets de plus en plus arbitraires.

A des moyens de protection d'un caractère préventif, comme l'autorisation préalable, l'examen de la censure, la responsabilité des auteurs des articles et celle des gérants, sont venus s'ajouter des moyens fiscaux comme le cautionnement, l'impôt du timbre, l'impôt sur le papier; tout cela d'ailleurs indépendamment des mesures répressives les plus rigoureuses, comme l'amende, l'emprisonnement, l'exil et même la peine de mort.

Suivant leurs tendances, les gouvernements ont plus ou moins abusé de ces mesures de défense. Ainsi, sous les assemblées de la Révolution, la liberté de la presse existe bien comme les droits de réunion et d'association, mais uniquement pour les partis qui se succèdent au pouvoir.

A défaut même de mesures d'exception prises par le gouvernement à l'égard de ses adversaires, ses partisans se chargeaient d'intervenir en recourant à la violence. En 1790, ce sont les patriotes qui, pour ramener dans le bon chemin les royalistes, cassent les presses, saisissent les manuscrits, et font des autodafés des journaux qui leur sont hostiles.

Plus tard au 10 août 1792, la Commune de Paris trouve que l'Assemblée nationale n'agit pas assez vigoureusement. Elle décrète « que les empoison- « neurs de l'opinion publique seront mis en prison, « et que leurs presses, caractères et instruments « seront distribués aux imprimeurs patriotes ».

Quand le parti républicain se divise, les Girondins sont bientôt aussi maltraités que les monarchistes ; et on sait que ce furent de simples délits de presse qui conduisirent Camille Desmoulins et André Ché- nier à l'échafaud.

Cela n'empêchait d'ailleurs pas les Constitutions de continuer de proclamer solennellement, en s'ins- pirant de la célèbre Déclaration des Droits, que « l'acte de manifester d'une manière quelconque ses opinions et sa pensée était un des droits natu- rels et imprescriptibles de l'homme ».

L'opinion publique finit heureusement par réagir contre ces mesures si rigoureuses, et par rendre un peu plus conformes la théorie et la pratique. Sous le Directoire, les délits de presse furent soumis aux jurys, qui, s'écartant des doctrines du terrible tribunal révolutionnaire, rendirent le plus souvent en cette matière des verdicts d'acquittement.

Les mesures violentes et arbitraires ne devaient cependant pas tarder à recommencer sous le Consulat et sous l'Empire. La vie des écrivains fut moins en danger, mais on leur enleva à peu près tous les moyens de manifester leur pensée.

Bonaparte commença, en effet, par doubler pour les journaux le droit de timbre ; et, trouvant que le nombre n'en diminuait pas encore assez vite, il employa bientôt un moyen plus énergique, il se contenta de les supprimer.

Sous l'Empire, c'est à peine s'il s'imprimait à Paris une douzaine de feuilles, dont les rédacteurs devaient promettre fidélité à la Constitution, et devenaient ainsi de véritables fonctionnaires. Pour les autres publications, des mesures très restrictives furent aussi prises ; la censure fut rétablie, et le nombre des imprimeurs et des libraires fut considérablement restreint. Ils durent désormais prendre un brevet, qui n'était que le rétablissement de l'ancien privilège du roi, sous une autre forme.

La presse, soumise aux censeurs, était contrainte par eux à faire sans cesse le panégyrique de l'empereur, et à insérer même, s'ils le jugeaient nécessaire, les plus fausses nouvelles. Elle en vint ainsi à ne plus exister, en réalité, que de nom.

Ces mesures de réaction si exagérée devaient finir cependant par provoquer une évolution de sens contraire; mais les luttes continuelles des partis, l'instabilité des gouvernements n'allait lui permettre de se faire que très lentement.

Ce fut Napoléon lui-même qui, au retour de l'île d'Elbe, commença à entrer dans la voie de mesures plus libérales. Pendant les Cent jours, la censure fut abolie, et la connaissance des délits de presse fut de nouveau attribuée au jury.

Les gouvernements de la Restauration devaient ensuite osciller perpétuellement entre la rigueur et l'indulgence. Après avoir tout d'abord rétabli la nécessité de l'autorisation préalable et la censure, Louis XVIII les abolit et voulut comme Napoléon en revenir à l'attribution au jury des délits de presse; mais, finalement, se trouvant insuffisamment protégé, il frappa les journaux de droits de cautionnement et de timbre très élevés, qui firent de leur publication une sorte de privilège pour les classes dirigeantes.

A la fin du règne de Charles X, quand le réveil des idées libérales se produisit, le gouvernement crut pouvoir l'arrêter, en exerçant contre la presse d'opposition des mesures encore plus rigoureuses. Il voulut aller, dans les ordonnances de 1830, jusqu'à rétablir, comme en 1814, l'autorisation préalable et la censure. Mais ces mesures, au lieu de calmer l'opinion publique, ne firent comme toujours que la surexciter; et il en sortit bientôt une révolution, qui entraîna, pour la seconde fois, la chute de la monarchie.

Louis-Philippe laissa à la presse, au début de son

règne, une liberté presque complète; et on peut regretter qu'il n'ait pas toujours persisté dans cette
voie. Les attentats et les violences n'auraient sans
doute pas été plus nombreux; et, puisqu'on voulait
se rapprocher des mœurs politiques de l'Angleterre, il fallait aussi apprendre au peuple l'usage de
ces libertés égales pour tous, dont il n'avait jusqu'a-
lors jamais joui en réalité.

Quand le gouvernement de Louis-Philippe crut
nécessaire de réagir contre les excès qu'entraînait
encore la liberté de la presse, il le fit, toutefois, avec
beaucoup plus de modération que les gouvernements
de la Restauration. Il se contenta de soumettre les
délits commis par la voie de la presse à de rigoureuses pénalités. Les excitations à des crimes contre
la sûreté de l'Etat furent assimilées à ces crimes
mêmes. L'attaque directe contre les principes du
gouvernement et le compte rendu des procès en dif-
famation furent aussi sévèrement punis; mais le
gouvernement, même dans ses plus grands mo-
ments de réaction, ne chercha ni à supprimer la juridiction du jury, ni à rétablir l'autorisation préalable et la censure. La presse put ainsi jouir en
réalité d'une bien plus grande liberté que sous tous
les précédents régimes.

La République de 1848, qui avait proclamé le
suffrage universel, sembla tout d'abord comprendre
quel puissant moyen d'instruction pouvait offrir
pour le peuple la liberté de la presse; et elle chercha, en diminuant le plus possible les droits de

timbre et de cautionnement, à favoriser l'éclosion d'une presse populaire. Ce gouvernement devait cependant finir comme les autres, par en venir aux mesures de répression, quand il se sentit menacé et quand les excès inévitables de la liberté de la presse commencèrent à se manifester. Au lieu de les laisser d'eux-mêmes se calmer, il préféra édicter de fortes pénalités contre les écrivains qui excitaient à la haine et au mépris du gouvernement, ou contre ceux mêmes qui commettaient les délits encore plus vagues et plus indéterminés « d'attaquer dans leurs écrits la souveraineté du peuple, la liberté des cultes, la propriété, la famille ».

On voit à quelles contradictions aboutissait encore ainsi un gouvernement qui, cependant, en raison même des principes de liberté sur lesquels il prétendait s'appuyer pour gouverner, aurait surtout dû les éviter.

Le second Empire, fidèle aux traditions du régime, se montra du moins plus logique, et les mesures restrictives furent de plus en plus exagérées. Les tribunaux correctionnels eurent de nouveau la juridiction des délits de presse, et le cautionnement, l'impôt du timbre, furent considérablement augmentés.

Ce qui caractérise encore plus particulièrement la législation de la presse sous le second Empire, ce fut l'organisation d'un nouveau mode de répression, celui des avertissements de l'autorité, qui pouvaient entraîner soit la suspension, soit même la suppres-

sion des journaux pour cause de sûreté générale.
Ces avertissements étaient la sanction des rapports
faits par une sorte de tribunal d'inquisition, le bureau
central de la presse.

L'Empire n'avait ainsi fait, en réalité, que rétablir
encore une fois la censure. Quand, dans les dernières
années, le régime fut plus libéral, des atténuations
furent apportées à ce système si rigoureux. Les avertissements de l'autorité furent remplacés par la juridiction des tribunaux correctionnels; mais, comme
ces tribunaux, nommés par lui, étaient tout à la dé-
votion du pouvoir, les adoucissements apportés à la
législation de la presse furent à peu près illusoires.

Le régime actuel s'est heureusement écarté, en
cette matière, des traditions de ses devanciers. Ses
hommes politiques ont compris que les dangers de
la liberté étaient surtout provoqués par l'ignorance
du peuple et par son défaut d'éducation politique; et,
voyant combien il était contradictoire de vouloir remédier à ces dangers en supprimant la liberté de la
presse, quand c'est précisément là pour le peuple
un des plus puissants moyens d'instruction, ils ont
cherché le plus possible à la développer. Après quelques tâtonnements, qui étaient malheureusement encore justifiés par la difficulté des circonstances, le
gouvernement de la République est ainsi parvenu,
dès maintenant, à assurer plus de liberté à la presse
que ne l'avait fait jusqu'alors aucun autre régime.

La dernière loi sur la matière, du 24 juillet 1881,
a supprimé tous les délits de presse. Elle se borne à

frapper les actes, qui sont considérés comme crimes, délits ou contraventions par la loi commune, et le jury seul a qualité pour les apprécier.

Les journaux ne sont plus dès lors poursuivis pour excitation à la haine et au mépris du gouvernement, ni pour ces délits si vaguement caractérisés d'attaques à la Constitution, aux cultes reconnus, à la propriété ou à la famille.

Il y a donc tout lieu d'espérer que les progrès de cette liberté si importante des manifestations de la pensée ne seront plus si souvent interrompus, et qu'elle est définitivement entrée dans la loi d'évolution continue, qui en fera désormais pour la démocratie une conquête définitive.

ADMISSIBILITÉ AUX EMPLOIS. — Le principe de l'admissibilité de tous les citoyens aux emplois n'est qu'une conséquence directe du principe de l'égalité civile, et il est entré avec lui, depuis la Révolution, dans les mœurs de la démocratie.

Les tentatives faites pour rétablir la noblesse par l'Empire et les gouvernements de la Restauration, n'ont pas pu, en effet, y porter sérieusement atteinte. La nouvelle société était dès lors assez habituée aux mœurs de l'égalité pour rendre à jamais impossible le retour aux anciens privilèges.

On n'a donc eu, au cours de ce siècle, en cette matière, aucune loi d'évolution bien remarquable à constater. Mais on ne doit pas cependant en conclure qu'il ne pourra pas, à un moment donné, s'en produire.

Cette question des véritables conditions d'égalité pour l'admissibilité aux fonctions semble, au contraire, devoir bientôt prendre une grande importance pour les progrès futurs de la démocratie.

C'est ce qu'ont pensé d'éminents publicistes, comme Prévost-Paradol, qui ont depuis longtemps déjà fait remarquer que, « *comme quand il s'agit de fonctions, il faut tenir compte non seulement des droits, mais aussi des capacités* », on pourrait, pour éviter les abus du favoritisme, si grands sous tous les régimes, ne pas laisser l'Etat seul juge des capacités, et s'en rapporter au contraire le plus souvent possible à l'élection, entourée de suffisantes garanties de compétence.

C'est le système de l'élection graduelle, auquel il fait souvent allusion dans la « *France Nouvelle* » ; système qui, sans toucher en rien au principe essentiellement politique du suffrage universel, permettrait à la démocratie, tout en se basant sur l'élection son principe fondamental, de hiérarchiser les fonctions, et de parvenir ainsi à compléter son organisation politique.

Cette idée d'égalité, qui semble ainsi devoir encore conduire en politique à de si importants progrès pour la démocratie, est aussi celle qui lui a dès maintenant assuré dans le suffrage universel la plus importante de ses conquêtes.

SUFFRAGE UNIVERSEL. — Ce principe, qui est devenu non seulement en France, mais aussi dans la plupart des autres pays, le fondement des institutions démocratiques, est celui qui a suivi, au cours de ce siècle, la loi d'évolution la plus nettement caractérisée. C'est lui qui exerce incontestablement sur l'époque actuelle une influence prédominante. C'est donc aussi en l'étudiant spécialement dans ses conséquences qu'on a le plus de chances de trouver les progrès qui pourront être bientôt réalisés.

En remontant au système électoral des premières assemblées de la Révolution, on trouve le suffrage à deux degrés. Des assemblées primaires, formées de tous les citoyens inscrits au rôle des impositions, nommaient des assemblées d'électeurs, chargés à leur tour d'élire les députés.

Le suffrage universel et direct fut bien proposé par la Convention dans la Constitution de 1793 ; mais on sait que les troubles révolutionnaires empêchèrent de mettre en pratique cette constitution.

Les régimes suivants et principalement l'Empire semblèrent surtout chercher, par des combinaisons électorales des plus compliquées, à annuler en fait le suffrage universel, tout en paraissant en principe le respecter. C'est à cette époque que fonctionnent les listes de notabilités communales, d'où sortaient les listes départementales, qui aboutissaient elles-mêmes à la liste de notabilité nationale. En sorte que le suffrage du simple citoyen ne se manifestait finalement pour les attributions les plus importantes qu'au troisième degré, et qu'il ne lui restait ainsi, en réalité, qu'une part de souveraineté vraiment illusoire.

Napoléon la trouva cependant encore exagérée, puisqu'il finit par s'attribuer exclusivement le droit de nommer les présidents des assemblées électorales supérieures et un certain nombre de leurs membres. Le simple électeur des assemblées de canton n'eut guère plus, dès lors, l'occasion de se déranger, que pour donner dans les plébiscites son assentiment aux volontés de l'empereur, qui était ainsi tout à la fois l'élu de la nation et son seul électeur.

A moins de le supprimer complètement, on ne pouvait apporter plus de restrictions au droit de suffrage. Aussi, sous les gouvernements de la Restauration, qui furent obligés d'en tenir compte, puisqu'ils admettaient le régime constitutionnel et parlementaire, un revirement se produisit, qui marque le point de départ de la loi d'évolution ascendante, que le suffrage universel a suivi depuis.

Sous le gouvernement de Louis XVIII, il fallait, pour être éligible, payer 1,000 francs de contribution foncière, ce qui donnait à peine une cinquantaine de gens assez riches par département. Pour être électeur, il fallait avoir trente ans et payer 300 francs d'impôt, ce qui réduisait à environ 90,000 le nombre des votants pour toute la France.

L'évolution s'accentue dans un sens un peu plus libéral sous le gouvernement de Louis-Philippe. Le cens d'éligibilité tombe à 500 francs, et le cens électoral à 200 francs, ce qui élève le nombre des électeurs à 200,000. Ce qu'il y avait de plus choquant dans ces restrictions encore si exagérées, c'est que non seulement le peuple, mais la grande majorité des gens les plus instruits, professeurs, médecins, avocats, ingénieurs, qui en général vivent comme les ouvriers du produit de leur travail et non de leurs rentes, se trouvaient aussi exclus de la vie politique.

Malgré la légitimité de leurs revendications, le peuple et la bourgeoisie demandèrent en vain l'extension du pays légal, pendant toute la durée du règne de Louis-Philippe. On sait qu'il leur fallut finalement pour l'obtenir faire la Révolution de 1848, qui, par un de ces brusques changements malheureusement si fréquents en France, et sans aucune des mesures de transition si nécessaires en cette matière, proclama de suite le suffrage universel.

Le corps électoral se trouvait ainsi d'un seul coup porté de 250,000 électeurs à 10,000,000 ; fait, qui à lui seul, peut encore pour longtemps suffire à expliquer ses erreurs et ses entraînements.

On a vu précédemment quelles conséquences funestes ne tardèrent pas à en résulter. Le gouvernement de la seconde République, justement effrayé des désordres qu'il entraînait, dut bientôt lui-même apporter des restrictions au suffrage universel, qu'il venait de proclamer. Il ne fit ainsi que faciliter l'avènement du second Empire, qui à ses débuts s'en montra au contraire chaud partisan pour gagner les sympathies des ouvriers. Mais on sait que ce gouvernement devait ensuite, pendant 18 années, consacrer tous les efforts de l'administration et

toute son habileté pour faire tourner le suffrage
universel à son profit, au moyen des candidatures
officielles.

Il manqua toujours au suffrage universel, sous
le second Empire, ses deux principales qualités,
l'indépendance et la liberté. Le régime actuel a
compris que, comme pour la liberté de la presse,
c'était son devoir, et d'ailleurs aussi son intérêt, de
chercher le plus possible à les lui assurer. Dès
maintenant l'idée d'égalité, définitivement consacrée
par le suffrage universel, peut donc servir de base à
l'organisation politique de la démocratie, comme l'a
fait le principe de l'égalité civile dans l'organisation
sociale.

Mais doit-on pour cela en conclure que là s'arrê-
tera dans son évolution politique l'idée d'égalité ?
Les inconvénients manifestes qu'à côté de ses avantages si grands présente cependant incontestablement le suffrage universel, permettent au contraire
de croire qu'il en sera bientôt autrement. Ce qu'on
peut surtout justement lui reprocher, c'est son insuffisance. Loyalement pratiqué, il offre bien à la souveraineté populaire le moyen précieux de paisible-
ment se manifester ; mais il n'est toujours pas par
lui-même un principe de gouvernement qui puisse
étendre son action, comme le faisait autrefois le
principe d'hérédité, sur l'organisation tout entière
de la société. Afin qu'il puisse remplir ce but, il faut
que le droit de suffrage ou d'élection, qui est le
principe fondamental des sociétés modernes, prenne

encore une nouvelle extension ; et, en suivant dans ses conséquences l'idée d'égalité, on peut se rendre compte, dès maintenant, de la manière dont elle tend à se produire.

Il semble, en effet, que si l'on pouvait parvenir dans l'organisation des sociétés nouvelles à tenir compte non seulement des droits des individus, mais aussi de leurs capacités et de leurs fonctions, on ne pourrait manifestement y trouver que des avantages. Si les hommes politiques de la Révolution ont justement admis que tous les citoyens étaient égaux devant la loi, et que, puisque l'Etat leur imposait à tous les mêmes obligations, il devait en résulter pour eux les mêmes droits et notamment celui de participer dans une certaine mesure à son administration, il n'en est pas moins vrai, cependant, que le droit d'élection auquel conduit l'idée d'égalité politique et qui aboutit ainsi au suffrage universel peut encore être envisagé à d'autres points de vue.

C'est, comme on le faisait précédemment remarquer à propos du principe de l'égale admissibilité aux fonctions, grâce à cette extension nouvelle de l'idée d'égalité, qu'on pourrait tout en laissant le suffrage universel à la base des institutions politiques, pour assurer la représentation directe des intérêts du pays et le contrôle des actes du gouvernement, parvenir en outre à donner à la démocratie ce principe propre de hiérarchie, qui lui a jusqu'à présent manqué.

Il est en effet évident, que si, en matière de fonctions publiques, c'est un devoir pour l'Etat de chercher le mieux possible à utiliser en vue du bien-être général l'intelligence et les capacités de chacun, il n'est pas obligatoire, cependant, que ce soit lui qui intervienne uniquement pour se faire juge de ces capacités.

Ce système s'alliait, il est vrai, très bien avec les anciens principes d'autorité et de droit divin. Quand tout aboutissait au roi, il était logique d'admettre que tout dépendît aussi de lui. Aussi l'exercice des fonctions même les plus ordinaires, comme dans les corporations celle de chiffonnier ou de savetier, avait-il fini par être considéré comme un pur don de la volonté royale.

Maintenant que le nouveau dogme des sociétés modernes n'est plus le droit divin, mais la souveraincté populaire, n'est-il pas en réalité tout aussi logique d'admettre que les pouvoirs de ceux qui sont chargés de défendre les intérêts du peuple, le nouveau souverain, émanent le plus directement possible de lui?

C'est cette idée, qui ne s'est jusqu'à présent manifestée que par le suffrage universel et le choix des députés, qui peut tout aussi logiquement s'étendre au choix des fonctionnaires.

Les hommes politiques de la première révolution l'avaient bien compris, puisqu'ils n'hésitèrent pas à faire nommer les juges et les fonctionnaires par les assemblées primaires, comme les députés. Mais là, comme l'expérience l'a montré, ils tombaient dans un excès contraire.

En raison même des différences d'intelligence et de capacités et du haut degré d'instruction que nécessitent la plupart des fonctions dans les civilisations modernes, il est évident que non seulement le premier venu ne peut pas les exercer, mais qu'il n'est même pas capable de juger quels sont ceux qui sont dignes d'y aspirer. Il faut donc faire sortir autant que possible l'élection du choix des plus compétents, sans aller cependant jusqu'au choix des supérieurs comme sous les régimes d'autorité, et on est ainsi conduit, par application même de l'idée si démocratique d'égalité, à s'en rapporter au choix des pairs, des égaux. Là est le principe ; mais, pour éviter cependant de retomber dans des inconvénients aussi graves que ceux du favoritisme, il faudrait sans doute, en pratique, recourir encore à certaines garanties et à certaines restrictions. L'Etat pourrait évidemment toujours exiger, s'il s'agissait par exemple de l'élection d'un magistrat, que les conditions jugées par lui nécessaires de stage et de capacités fussent remplies par tous les candidats.

On devrait aussi chercher, pour empêcher que les influences locales et les intrigues ne pussent vicier l'élection dans son principe même d'égalité, à donner à l'exercice de ce droit une extension suffisante. Il pourrait, par exemple, sans inconvénient être accordé pour l'élection des juges aux avocats, avoués, greffiers, toutes personnes dont, en raison même de leurs fonctions, on peut supposer les suffrages suffisamment éclairés.

Il n'est pas besoin d'accumuler les exemples pour montrer les extensions de tous genres que ce principe de l'élection graduelle est susceptible de prendre. Chacun peut s'en rendre compte aisément, en jetant un coup d'œil sur l'organisation actuelle, et parvenir ainsi à se convaincre que l'évolution de cette idée si féconde d'égalité, qui est loin, en matière de droits de suffrage d'être terminée, contribuera sans doute encore à assurer à la démocratie beaucoup de nouvelles et importantes conquêtes.

ÉGALITÉ DANS LES IMPOTS. — Ce principe, si l'on n'y voit que l'obligation de soumettre à l'impôt tout le monde sans exception, est une des réformes les plus justes et les plus nécessaires de la Révolution.

Aucun des gouvernements qui se sont succédé en France au cours de ce siècle n'a d'ailleurs cherché, même indirectement, à y porter atteinte. Mais, comme pour la plupart des autres principes de la Révolution, il ne suffisait pas de le proclamer, il fallait le mettre en pratique ; et, bien que tous les régimes se soient successivement appliqués à résoudre cette question des impôts, d'ailleurs plutôt administrative que politique, elle a toujours présenté de grandes difficultés.

Ce qui a surtout beaucoup contribué à les augmenter, ce sont les erreurs mêmes d'une science encore il est vrai à ses débuts, l'économie politique, qui, croyant que toutes les richesses sociales venaient uniquement de la terre, n'a d'abord voulu reconnaître comme légitime que l'impôt foncier.

Les gouvernements de la Révolution se conformant à cette doctrine, et par là même aussi d'ailleurs aux aspirations du peuple, qui avait beaucoup souffert des exagérations des impôts de consommation sous l'ancien régime, ne cherchèrent à rétablir que les impôts directs parmi tous les anciens impôts de la monarchie.

C'est de cette époque que date la contribution foncière sur les immeubles ; et, pour frapper les terres, tout en appliquant autant que possible le principe de l'égalité d'impôt, il fallut commencer l'opération si difficile du cadastre, qui ne devait guère être terminée que vers le milieu de ce siècle. On ne parvint encore ainsi à établir rigoureusement l'égalité que pour tous les citoyens d'une même commune. Il y avait d'une région à l'autre de grandes différences sur le taux même de la quotité, qui subsistent d'ailleurs encore aujourd'hui, et qu'on devrait chercher autant que possible à atténuer.

Il est vrai que le morcellement continuel de la propriété, le changement de nature des fonds, les constructions, les routes nouvelles, qui sans cesse tendent à modifier le cadastre une fois établi, rendent l'application du principe d'égalité bien difficile.

C'est surtout aussi d'ailleurs, en matière d'impôts, qu'il faut craindre les exagérations des idées d'égalité, parce que l'expérience a démontré qu'elles pouvaient souvent conduire à des résultats contraires à la véritable justice et à l'humanité.

Il suffit, pour s'en rendre compte, de songer combien peut être lourde pour un pauvre diable, qui vit péniblement d'un salaire insuffisant, la contribution même la plus minime, tandis qu'en devenant 100 fois, 1000 fois plus considérable pour quelqu'un qui vit à ne rien faire et qui est 100 fois ou 1000 fois plus riche, loin de correspondre à la privation du nécessaire, ce n'est tout au plus que celle d'un léger superflu.

L'idée vraiment juste et démocratique en cette matière n'est plus l'égalité et la simple proportionnalité, mais la progression jointe à la proportionnalité. C'est ce que la démocratie a non seulement compris, mais commencé déjà à pratiquer.

On peut citer, comme exemple, la manière dont la cote personnelle et mobilière est répartie par les conseils municipaux de certaines grandes villes et notamment à Paris. La quotité de l'impôt des loyers à partir de 500 francs y est progressive ; ce qui a permis d'affranchir de toute taxe les loyers qui sont au-dessous de ce chiffre.

A la cote personnelle et mobilière correspond pour les commerçants l'impôt des patentes établi, par l'Assemblée constituante ; et, en y joignant la contribution des portes et fenêtres, qui date du Directoire, on a la liste des impôts directs, qui ont été perçus, sans modifications importantes, par tous les gouvernements de ce siècle.

A ces impôts n'ont pas tardé, comme on le sait, à s'ajouter tous les impôts indirects et les divers monopoles, dont le nombre n'a fait sans cesse qu'augmenter, et qui forment actuellement la principale source des revenus de l'Etat.

Les gouvernements n'ont guère fait, pour tous les impôts de ce genre, que suivre les traditions de Napoléon 1er, qui avait d'ailleurs su montrer autant d'habileté dans les questions d'administration que dans celles de législation. Il avait reconnu l'erreur des assemblées de la Révolution ; et, pour atténuer les inconvénients qu'entraînait le système de l'impôt unique, il avait rétabli, sous le nom de droits réunis, la plupart des impôts indirects de l'ancien régime.

Il suffit de citer quelques chiffres, pour montrer que l'expérience n'a fait, en toutes ces matières, que confirmer les vues si justes de l'empereur. Le tabac, qu'il fut le premier à mettre en régie et qui en 1816 rapportait 30 millions à l'Etat, en rapporte maintenant plus de 300. Les revenus indirects, en y comprenant les monopoles, tabac, timbre, enregistrement, douanes, postes et télégraphes, produisent six fois plus que les revenus directs : 2,375 millions au lieu de 436, sur la totalité d'un budget, qui dépasse actuellement 3 milliards de francs.

Ces chiffres suffisent aussi à ramener à leur juste valeur les revendications exagérées de certains systèmes socialistes.

Cet accroissement si considérable dans le rendement des impôts de consommation prouve incontestablement l'augmentation du bien-être et de la richesse publics. Il montre que beaucoup de gens qui n'ont pas le nécessaire usent cependant du superflu.

Il est évident, en effet, que surtout quand il s'agit d'impôts de consommation, comme celui qui résulte de la mise en régie du tabac ou de celle qui serait tout aussi juste de l'alcool, on ne peut prétendre, en raison même de l'énormité de la consommation, que les riches sont seuls à en profiter.

L'idée vraiment juste et démocratique en cette matière est donc, comme ces exemples suffisent à le montrer, d'empêcher des impôts trop lourds de porter sur des objets de consommation, qui seraient vraiment de première nécessité.

Indépendamment des principes et des réformes précédemment étudiés, il resterait sans doute encore, pour se rendre plus suffisamment compte de l'influence exercée par les idées nouvelles, à suivre dans leurs conséquences beaucoup d'autres principes importants. On serait ainsi successivement conduit à étudier les manifestations de tous genres de la civilisation contemporaine, lettres, sciences, arts, industrie, commerce, qui sont dès maintenant entièrement imprégnées de ces idées.

Mais là n'est pas le but de cette étude, et l'application des principes de la méthode de Politique positive qu'on s'est proposé de faire est beaucoup plus limitée. Après avoir cherché à dégager de l'histoire de la civilisation actuelle quelques-unes des

plus importantes lois de son évolution, il reste maintenant à constater de quelle utilité peuvent être ces
lois, pour relier, comme le dit Auguste Comte, l'a-
venir au passé.

Il ne s'agit évidemment pas, comme on l'a vu par
l'exposé même de la méthode positive, de prévoir les
évènements et de dire que tel ou tel fait se produira
fatalement à un moment donné. Les phénomènes sociaux sont évidemment trop complexes pour qu'on
puisse aller jusque-là, à moins d'être prophète. Mais,
si l'on ne peut rien préciser quant à l'existence et à
la durée de ces phénomènes, il n'en est pas moins
vrai qu'ils sont soumis à des lois, comme les phénomènes d'ordre naturel, et c'est précisément ces lois,
qu'on peut mettre à profit, lorsqu'on les connaît,
pour éviter d'inutiles et dangereuses expériences.

Tout se réduit ainsi à éviter de se butter à ce que
les hommes politiques clairvoyants ont appelé depuis longtemps la force des choses.

Les lois de l'évolution sociale, dans la méthode
de Comte, ne sont que la détermination des nécessités historiques, d'où résulte cette force des choses,
et c'est d'après elles qu'on doit chercher à apprécier
les projets de réformes et les idées nouvelles, en évi-
tant le plus possible de se laisser aller au parti pris
ou de suivre ses préférences personnelles.

C'est, en effet, en raison même de leur conformité
avec les lois de l'évolution sociale qui s'y rapportent,
que ces idées nouvelles ou ces projets de réformes
parviendront plus tard à s'imposer. Quand cette

conformité se trouvera donc bien nettement établie, il y aura par suite bien des chances pour qu'en appliquant ces idées on ne fasse pas entièrement fausse route.

On voit quelle importance ont ainsi les enseignements de la Politique positive, et on va finalement essayer, pour mieux encore en montrer toute l'utilité, de les mettre en pratique dans la seconde partie de cette étude, en cherchant quelles sont parmi les plus remarquables réformes actuellement proposées — qui presque toutes, en raison même de la grande loi d'évolution de la société actuelle vers le régime industriel, se rattachent maintenant aux questions d'organisation du travail et du socialisme, — celles qui, en raison même de leur conformité avec les lois d'évolution précédemment constatées, ont le plus de chances d'aboutir et méritent aussi le plus par suite d'être étudiées.

DEUXIÈME PARTIE

LE SOCIALISME

ET

LES LOIS D'ÉVOLUTION

DE LA DÉMOCRATIE

Le Capital de Karl Marx

par G. Deville.

... L'action révolutionnaire doit avoir la science pour guide, si elle ne veut pas se stériliser en vains efforts. L'étude de la vie sociale ne modifiera pas évidemment à elle seule la forme sociale; mais elle pourra dévoiler les éléments constitutifs de la société actuelle et la loi de leur évolution, ce qui en rendra l'application plus facile.....

... C'est ainsi qu'on pourra éviter de continuer à bâtir des sociétés modèles, dont le caractère chimérique est à peine atténué par quelques intuitions exactes. Au lieu de raisonner en partant de la réalité, les réformateurs ont presque toujours voulu conformer cette réalité à leurs vues personnelles et à leur idéal, et c'est ce qui devait entraîner tant d'essais infructueux.....

Ces conclusions sont, comme on le voit, conformes à celles de la Politique positive. Mais, afin de pouvoir utiliser les données de l'expérience, il ne suffit pas d'y avoir recours, il faut encore suivre une bonne méthode qui permette d'en tirer profit, et il est facile de se rendre compte, en voyant les contradictions et les exagérations dans lesquelles se sont si souvent laissées entraîner les écoles socialistes, que c'est surtout là ce qui leur a jusqu'à présent manqué.

... Karl Marx voit, dans la satisfaction immédiate des intérêts matériels, le but de toutes les luttes de classes. Il constate que, dès qu'une partie de la société a accaparé les moyens de production, l'autre partie est forcément exploitée puisqu'elle pourvoit par son travail non seulement à son propre entretien, mais encore à celui des possesseurs des moyens de production. De là sont nés des antagonismes sociaux, dont commencent à se dégager les éléments de la société nouvelle. Le prolétariat doit, pour triompher, s'emparer d'abord du pouvoir politique, pour exproprier les usurpateurs et pour arriver à l'abolition des classes.....

On ne peut pas nier ces antagonismes, qui se sont déjà manifestés par de sanglantes guerres civiles ; mais la nullité des résultats obtenus dans ces funestes expériences suffit à elle seule à prouver l'inefficacité du recours à la violence. La force ne suffit pas par elle-même; pour que son triomphe soit durable, il faut qu'elle s'appuie sur le droit, ou tout au moins sur une idée vraiment juste, qui puisse en légitimer l'emploi.

... L'évolution économique aboutit à la concentration des forces productives. Que cette évolution s'accomplisse entre les mains de la classe dirigeante ou entre celles de l'Etat soumis à son influence, peu importe au prolétariat; il ne faut pas perfectionner, mais supprimer l'Etat.....

C'est une opinion dans laquelle se rencontrent beaucoup de systèmes socialistes, et qui n'est en réalité qu'une contradiction, puisque leurs systèmes ont tous précisément pour but de reconstituer sur de nouvelles bases cet Etat même qu'ils parlent tant de supprimer.

... Anciennement, de l'activité du patron, de son économie dépendait le sort de l'entreprise. Mais, actuellement, quel rôle joue l'actionnaire? La véritable élite intellectuelle, celle qui est pourvue des aptitudes nécessaires pour la mise en œuvre des forces productives tend de plus en plus à se composer de salariés. On peut en conclure que la suppression de l'actionnaire et du propriétaire, qui ne sont en réalité que des rouages inutiles, ne causerait aucun trouble à la production.

... Le communisme ainsi compris, ou collectivisme, est une théorie basée sur l'observation et qui conclut, comme fin de l'évolution actuelle, à ce que les moyens de production soient socialisés, ce qui exclut la propriété même communale ou corporative, parce qu'elle donnerait lieu aux mêmes rivalités d'intérêts que la propriété individuelle.....

... Comment se fera cette socialisation? Le socialisme scientifique ne peut rien préciser. Ce qu'il peut affirmer, c'est qu'elle ne se fera pas d'après le vieux cliché « de chacun suivant ses forces, à chacun suivant ses besoins ». Il comprend combien chercher à évaluer ces forces et ces besoins, c'est forcément vouloir tomber dans l'arbitraire. Loin d'ailleurs d'avoir pour but de tendre à augmenter la somme du travail humain, il se propose au contraire de le diminuer, en raccourcissant le temps de travail, pour augmenter le plus possible le temps consacré aux jouissances physiques et intellectuelles.....

La seconde partie de la formule des socialistes français « à chacun suivant ses besoins » est tout aussi utopique que la première. Elle suppose que la production sera assez grande pour que chacun puisse consommer à vo-

lonté, sans nuire aux autres; ce qui est évidemment faux,
puisque la production dépendant des efforts humains
sera toujours forcément limitée. Il en résulte, par suite,
qu'il faut aussi limiter la consommation individuelle. On
est alors conduit à prendre pour base de cette mesure
non pas la productivité de chaque individu, ce qui favo-
riserait trop les plus intelligents, mais le temps de travail qui, égal pour tous, doit garantir à tous les travailleurs une possibilité de consommation égale.....

Il y a là une réfutation, d'ailleurs logique et ri-
goureuse, des doctrines de Louis Blanc et des premiers socialistes français. Mais il est évident que le
système allemand, en prenant comme base de la
mesure des besoins de consommation le temps de
travail, est tout aussi utopique. Il se met, en effet,
en contradiction avec le principe de la liberté du
travail sur un terrain, où on ne peut que bien difficilement l'attaquer; car, lorsqu'un travailleur augmente volontairement sa tâche, c'est le plus souvent,
comme le prouve la pratique, pour des raisons de
l'ordre moral le plus élevé.

... Loin d'être une source de progrès, la concurrence
est bien plutôt une source d'affaiblissement. Ce qui
vaudrait bien mieux entre les hommes, ce serait l'action
commune, la solidarité pour la lutte contre la nature,
qui serait d'autant plus féconde que plus d'efforts seraient
concentrés sur un même point.....

... La théorie de Darwin s'explique entre les animaux, parce qu'ils consomment sans produire; mais
l'homme à l'aide des machines peut produire beaucoup
plus qu'il ne consomme.....

Cette remarque est absolument juste, et elle est confirmée par les lois de l'évolution sociale. Ce sont les progrès de l'industrie qui exercent l'action la plus efficace sur l'affranchissement progressif de l'humanité. Les idées et les aspirations de liberté et d'égalité ont en effet existé dans l'antiquité comme à notre époque; mais elles ne pouvaient alors se manifester en fait pour quelques milliers de citoyens, comme dans les républiques de la Grèce, que parce qu'au-dessous d'eux était asservi aux plus dures tâches un bien plus grand nombre d'esclaves. Ce sont les machines qui, dans les temps modernes, tendent de plus en plus à jouer ce rôle d'esclaves, et c'est surtout là ce qui permet de plus en plus aux diverses classes de la société de se rapprocher.

... Le socialisme demande l'égalité dans les moyens de développement et d'action. Il la veut au point de départ; mais il ne va pas jusqu'à la demander au point d'arrivée.....

C'est cependant là où toujours incontestablement, quand la mort vient tout terminer, elle finit par être le mieux assurée.

... Le suffrage universel, la souveraineté sans la puissance effective, sans la propriété, n'a été pour le peuple qu'un piège, car beaucoup se sont ralliés à la bourgeoisie, quand cependant aucune communauté d'intérêts ne devrait exister entre celui qui a faim et celui qui en profite pour l'exploiter.....

Si une grande partie du peuple s'est ainsi, comme

le constate Karl Marx, ralliée à la bourgeoisie, cela prouve par là même qu'elle n'est pas une classe fermée, et alors il ne devrait pas logiquement être question de ses privilèges, puisque le premier venu peut y aspirer.

... L'installation définitive de la République peut bien marquer le dernier terme de l'évolution politique, mais l'organisation sociale vicieuse et cause de tant de maux ne s'améliorera pas, tant qu'on ne touchera pas à la forme de la propriété. On amuse le peuple! Que lui importe des modifications dans un mécanisme destiné à le broyer.....

On voit combien ces conclusions sont contraires à celles où conduit la méthode positive, qui, bien loin de contester la nécessité d'apporter des modifications à l'organisation de la propriété, pour mieux la mettre en rapport avec les besoins nouveaux, l'admet au contraire formellement, mais en excluant, en raison même de leur inefficacité si souvent démontrée, les mesures de violence.

On peut citer, comme exemple et comme application de cette méthode, le principe de l'égalité du partage dans les successions, qui a tant contribué à accélérer la division essentiellement démocratique de la propriété. C'est là une de ces mesures de transition vraiment efficaces, qui arrivent beaucoup plus sûrement que tous les bouleversements, à modifier le caractère des institutions.

... On a proposé, pour résoudre la question sociale, les

associations ouvrières, mais elles seraient impuissantes en présence des développements sans cesse grandissants que prend l'industrie...

Ce sont, au contraire, les associations qui, comme le prouve de plus en plus l'expérience, semblent le mieux répondre aux nouveaux besoins de l'industrie.

... Le crédit fait aux associations ouvrières leur permettrait de faire à la bourgeoisie une guerre heureuse, en tendant à diminuer sa richesse et ses bénéfices. Mais, comme c'est la bourgeoisie qui tient l'Etat, elle ne consentira jamais à le faire, malgré les promesses des ambitieux, qui ne cherchent qu'à s'assurer les sympathies du peuple pour l'exploiter...

Indépendamment des violences de langage et du parti pris évident, on voit par ce fragment que Karl Marx a bien senti toute l'importance qui s'attachait à cette question du crédit fait aux associations. La véritable objection n'est pas cependant, comme il le dit, le mauvais vouloir de la bourgeoisie, qui a, au contraire, surabondamment prouvé, par la création de nombreuses institutions de bienfaisance, qu'elle faisait de grands efforts pour améliorer la condition des ouvriers; et, en dehors même de toutes questions de sentiment, c'est d'ailleurs, comme elle arrive de plus en plus à le comprendre, ce que lui dicte son intérêt.

Mais là n'est pas la question; et, quand il s'agit de crédit fait par l'Etat, ce qu'il y a surtout à considérer, comme l'expérience l'a prouvé, ce sont les risques de pertes. Comme on ne peut pas admettre qu'ils soient injustement supportés par tous les contribuables, la question se ramène à chercher un système de crédit où les risques seraient supportés par les intéressés eux-mêmes. C'est d'ailleurs, comme on va essayer de le montrer, ce que semble pouvoir rendre réalisable un système d'assurances industrielles basé sur des principes analogues à ceux des institutions de crédit actuelles.

Si l'on suppose, par exemple, que ces compagnies d'assurances industrielles servent d'intermédiaires entre les vendeurs et les acheteurs, elles pourront, tout en payant de suite intégralement le prix de vente aux vendeurs, se contenter de primes payées annuellement par les acheteurs, pour se rembourser des avances faites. On ne ferait ainsi qu'appliquer à l'industrie un système analogue à celui des prêts hypothécaires du Crédit Foncier. Mais, comme cette comparaison même l'indique, le système n'a de chance de devenir pratique que si, comme dans tous les prêts, les emprunteurs peuvent offrir des garanties suffisantes. On ne peut guère songer maintenant, comme cela s'est cependant autrefois pratiqué dans la civilisation romaine, à des garanties basées sur un système rigoureux de pénalités. Ce serait porter inutilement atteinte à la liberté individuelle, car ce qui est surtout en question, ce sont des garanties pécuniaires. On ne peut, à ce qu'il semble, les trouver qu'en admettant, comme pour les prêts hypothécaires, qu'en cas de non-paiement des annuités la société devienne propriétaire à son tour.

Elle pourra alors vendre pour s'indemniser de ses avances ou traiter avec une association nouvelle, mais à condition cependant que la chose n'ait pas subi de trop grandes dépréciations. On est ainsi finalement conduit à admettre que les fonds de commerce ou d'industrie, dont le transfert serait effectué à des associations, devraient avoir une valeur propre, comme actuellement les charges ministérielles; et on se trouve ainsi ramené au monopole et au système des corporations.

Il faut, sans doute, renoncer ainsi à la plus importante conséquence du principe de la liberté du travail, au régime de la concurrence; mais ce régime, à côté d'avantages incontestables, a aussi entraîné de si graves abus qu'on peut dès maintenant affirmer qu'il ne peut suffire à assurer le paisible développement des sociétés modernes, dans la voie nouvelle où elles sont engagées, celle de l'évolution industrielle. L'expérience ne permet que trop souvent de constater que, comme le disent avec raison les socialistes, la concurrence illimitée ne fait en réalité que consacrer le droit, pour les forts, d'écraser les faibles.

Ce n'est donc pas un tel principe qui peut servir de base à un état de civilisation, et les sociétés modernes ne peuvent tarder à le reconnaître. Elles ne verront bientôt dans la concurrence illimitée que ce qu'elle est en réalité, une exagération de l'idée de liberté. Elles feront alors, comme elles ont déjà dû le faire pour les exagérations d'autres principes qui, comme l'égalité dans les impôts et dans les peines, n'aboutissaient manifestement qu'à d'injustes conséquences; elles chercheront, soit par le moyen indiqué, soit par tout autre analogue, à mieux donner satisfaction à ces droits, qui devraient toujours l'emporter sur toutes les questions de principes, aux droits de la justice et de l'humanité.

... L'abaissement des impôts sur les objets de consommation peut bien aussi offrir au sort des ouvriers une amélioration passagère; mais, comme le salaire tend à se régler sur le prix des subsistances indispensables au travailleur, ce salaire lui-même finira par baisser. La sujétion ouvrière est indépendante du système d'impôts. Le libre-échange et la production ne sont aussi au fond que des querelles de capitalistes...

... Comme les classes n'abdiquent pas leurs privilèges, on ne peut attendre l'amélioration du sort des ouvriers que d'une révolution. Il faut donc que le peuple suive l'exemple que lui a donné la bourgeoisie elle-même; qu'il recoure à la force et qu'il s'empare du pouvoir, pour arriver à exproprier les capitalistes, et à réaliser l'appropriation collective des moyens de production...

... Doit-il le faire immédiatement? Non : la révolution sortira d'elle-même des complications économiques et politiques, dont l'Europe est le théâtre. Il faut seulement bien constater la tendance des phénomènes économiques, bien connaître les éléments matériels de la transformation qui se prépare; et, pour pouvoir en profiter, avoir toute prête une organisation...

... Le but du socialisme est en définitive de fournir à chacun les moyens de mettre en activité ses facultés; et, pour ne pas les subordonner à la possession d'un capital qui trop souvent fait défaut, de socialiser les forces productives...

... Pour le petit industriel et le petit propriétaire, qui mettent eux-mêmes en mouvement le modeste instrument de travail qui leur appartient, il y a effort personnel et non pas en réalité exploitation. Le parti ouvrier ne les expropriera pas. Il les gagnera, au contraire à sa cause, en supprimant et en réduisant de 50 p. 100 les dettes hypothécaires. Ce seront seulement les gros capitalistes et les actionnaires qui seront dépossédés, et même sans indemnités, puisqu'il leur sera toujours possible de prendre part, en tant que citoyens, aux moyens de production socialisés...

... Il sera d'ailleurs d'autant plus facile de transformer la propriété capitaliste en propriété sociale, que la propriété privée, basée sur le travail personnel, ayant fini par être à peu près absorbée, il ne restera plus à déposséder qu'une petite minorité d'exploiteurs et de capitalistes...

Sans entrer, pour le moment, dans la réfutation de ces doctrines, qu'on aura l'occasion de faire plus loin, leur exposé seul suffit à montrer combien elles sont contraires aux enseignements de la Politique positive.

Bien qu'il qualifie sa méthode de scientifique, Karl Marx ne fait en réalité que de l'empirisme. Il fait bien, en effet, ressortir avec habileté tous les vices de l'organisation actuelle du régime industriel; mais que propose-t-il pour réagir contre eux? Supprimer son principe, le capital, sans tenir compte d'une des plus importantes lois de l'évolution sociale, celle même de la formation de ce capital. Mieux que tout autre, cependant, on peut justement la considérer comme une de ces nécessités historiques, qui résultent forcément des lois de la nature humaine, puisqu'on peut constamment la vérifier, aussi loin qu'on veuille remonter dans l'histoire des civilisations.

Son système, malgré son apparence de logique, est donc au fond tout aussi utopique que si la Révolution, en voulant justement réagir contre les vices de la propriété au siècle dernier, avait simplement cherché à la supprimer. Ce n'est pas heureusement ce qu'ont fait, comme on le sait, les hommes politiques de la Révolution, vraiment dignes de ce nom. Ils ont compris que, comme le proclamait sans cesse leur chef le plus éminent, Mirabeau, pour réagir efficacement contre des abus, il ne fallait pas tomber dans des excès contraires. Ils se sont contentés de chercher à apporter à l'ancien ordre de choses, par des moyens légaux, les modifications nécessaires pour le mettre en rapport avec les besoins nouveaux. Et c'est ainsi qu'ils en sont venus à mettre en pratique ce principe de l'égalité du partage dans les successions, qui, comme l'expérience d'un siècle l'a surabondamment prouvé, était en réalité bien plus efficace que tous les moyens de violence pour assurer la division de la propriété nécessaire au développement de la nouvelle société.

Là est la méthode vraiment scientifique et expérimentale en politique; et on voit, par cette comparaison même, combien sont irréalisables et purement utopiques non seulement la doctrine de Karl Marx, mais toutes celles qui proposent la suppression du capital. Si donc on ne peut raisonnablement chercher à le supprimer, cela n'exclut cependant nullement, comme on l'a vu par les remarques précédentes, et comme le prouve encore l'exemple des modifications subies par la propriété, la nécessité de réagir à un moment donné contre son accumulation dans les mêmes mains.

C'est dans cette voie que la France doit chercher à mettre à profit les expériences qu'elle a déjà faites au cours de ce siècle, et qu'elle a déjà si chèrement payées. Il faut qu'elle entre de plus en plus dans la voie des réformes progressives, en laissant les écoles allemandes prêcher le recours à la violence ; car, comme l'a souvent dit un des hommes politiques les plus éminents de l'époque actuelle, Gambetta, le digne émule de Mirabeau, maintenant que le peuple jouit du suffrage universel, qui lui permet d'imposer, quand il le veut, sa volonté, à quoi bon le recours à la violence? Ce qu'il faut surtout, c'est instruire le peuple et l'éclairer par tous les moyens sur ses véritables intérêts, pour l'empêcher de se laisser entraîner par les fausses promesses de ceux qui, tout en lui disant qu'on l'exploite dans son travail, ne cherchent eux-mêmes qu'à profiter de son ignorance. Les enseignements de la Politique positive ne font, comme on l'a vu précédemment, que confirmer les vues si justes et si patriotiques de l'éminent homme d'État; et ils prouvent que les exagérations des principes de la Révolution n'ont fait que provoquer fatalement des

réactions de sens contraire. Qu'il y ait ou non recours à la force, il n'y a de durables que les réformes,
qui répondent en réalité aux besoins de la civilisation; et les violences, loin d'en rendre plus prompte
la réalisation, ne font, au contraire, le plus souvent
que la retarder.

La Quintessence du Socialisme

par A. Schäffle.

... La participation des travailleurs aux bénéfices n'est
pas une organisation sociale; mais, comme elle conduit à
la propriété collective, il est bon de l'essayer comme
forme transitoire...

... La propriété actuelle est un vol, en ce qu'elle représente le bien d'autrui, et n'est pas, le plus souvent,
basée sur le travail de son possesseur...

... Les profits du capital, dont naissent les grandes
fortunes privées, ne se produisent que grâce au surtravail, qui résulte de ce que le salarié reçoit un salaire
trop faible, et qui se trouve forcément réduit à ce qui lui
est nécessaire pour son entretien personnel, par suite
de la concurrence que se font les travailleurs entre eux.
C'est en ce sens que l'on peut dire que les capitalistes
exploitent les travailleurs et jouent en réalité le rôle de
voleurs...

... Il est vrai que cette concurrence, qui existe entre
les travailleurs, existe aussi entre les capitaux, et c'est
pour cela qu'on est obligé d'organiser le travail pour
mettre fin aux abus de la concurrence. Il ne s'agit pas là
de communisme proprement dit, ou de partage pério-

dique des fortunes privées, mais seulement de trouver
un mode de répartition proportionnel au travail...

... Le capitaliste ne sera pas dépossédé. On lui ra-
chètera son capital au moyen d'annuités payées au
moyen de consommations qui dureront jusqu'à ce que
tout le monde se soit conformé à la nouvelle organisation. Les capitaux des Rothschild n'aboutiront ainsi
qu'à leur donner une abondance suffocante de moyens
de jouissance, mais ils ne pourront plus capitaliser. Il y
aura pour eux exclusion par droit social des moyens de
rente privée...

... Par opposition à l'économie politique bourgeoise
si individualiste, le principe collectiviste supprime la
concurrence et donne à la société une organisation
unitaire, sociale par excellence, puisqu'elle repose sur
les mêmes principes que l'État, la Commune. L'objection
courante, que le socialisme ne ferait que généraliser
les inconvénients des entreprises actuelles de régie,
n'est pas fondée ; car actuellement, que le travail soit
bon ou mauvais, l'Etat donne les appointements con-
venus, tandis que, dans le système socialiste, le salaire
serait proportionnel au travail. Chacun aurait intérêt à
diminuer le plus possible le prix de revient, puisqu'il en
profiterait lui-même, étant payé en bons de travail...

... La question décisive est celle de savoir si l'intérêt
privé, base du système individualiste, pourra trouver son
équivalent dans les systèmes de communisme...

... Sur ce point la discussion est ouverte et elle le sera
sans doute encore longtemps, parce que le socialisme n'est
pas assez avancé dans sa théorie de la valeur. Il ne prend
en considération que les faits sociaux et ne tient pas assez
compte de la valeur d'utilité....

... Il faut, pour qu'il réussisse, que le socialisme
parvienne à trouver un principe qui procure à l'organisation du travail les mêmes avantages que l'intérêt privé,
et alors il pourra sûrement triompher. On ne voit pas

jusqu'à présent d'autre moyen d'y parvenir, que de faire
des moyens de production sociale une propriété collective ; mais ce mobile de l'intérêt privé peut, à juste titre,
paraître insuffisant. Là est la grande difficulté du socialisme et ce qui l'arrête dans son développement...

... Le socialisme doit aussi chercher à se dégager de
ses tendances profondément irréligieuses et matérialistes,
qui ne découlent en rien de son principe...

... Contrairement à ce que disent ses détracteurs
acharnés, que la peur aveugle, et qui se laissent uniquement dominer par leur grossier égoïsme, le socialisme ainsi compris laisse subsister tous les moyens
actuels de consommation personnelle. Il ne touche pas
à l'épargne, qui peut facilement être représentée par des
bons de travail, payés non de suite mais à terme ; et il
peut en être de même pour tous les modes de transmis-
sion héréditaire ou volontaire. Ce que demande essentiellement le collectivisme, c'est la socialisation et la
mise en commun des moyens de production et des
capitaux, comme cela se ferait d'ailleurs actuellement
pour les grandes industries comme les compagnies
minières, les chemins de fer, si l'on n'avait pas à tenir
compte des actionnaires. Grâce à lui, peut aussi se
trouver satisfait l'idéal d'une organisation complète de
la démocratie, s'étendant à tous les métiers et à toutes
les professions. On peut, en effet, dès maintenant, affirmer que la réalisation de cet idéal sous une forme moderne n'est possible qu'en se rapprochant du régime
socialiste. C'est malheureusement la base même de ce régime qui n'est pas encore trouvée. Tant qu'elle manquera,
le suffrage universel bâtira sur un sable mouvant, et les
progrès du socialisme se trouveront forcément arrêtés...

Ces fragments résumant quelques-unes de ses
plus importantes idées suffisent à montrer que les

doctrines de l'éminent socialiste autrichien sont
beaucoup plus modérées que celles de Karl Marx.
Elles aboutissent cependant à peu près, en définitive,
au même résultat; car, s'il ne reste que la propriété
des moyens de consommation, le capital se trouve
réduit à une sorte de rente viagère, et est par suite,
en fait, à peu près aboli.

On porte ainsi les plus graves atteintes, comme
l'auteur en convient lui-même, à un principe, qui est
cependant le principal mobile des actions humaines,
à l'intérêt individuel; et cela, sans pouvoir le remplacer par rien.

Le côté juste de cette théorie semble être cependant
qu'à côté des intérêts privés il faut aussi tenir
compte des intérêts collectifs. Un système qui permettrait de leur donner également satisfaction serait,
comme le fait remarquer Schäffle, un remède des
plus efficaces aux vices de l'organisation actuelle.
Le problème, s'il n'est pas résolu, se trouve ainsi,
du moins, nettement posé; et la meilleure solution,
qui semble pouvoir lui être donnée, est, comme on
le verra dans les extraits suivants, celle où conduisent directement les enseignements de la méthode
positive, le rétablissement des corporations sous une
forme nouvelle, en rapport avec les besoins de la démocratie et avec ses aspirations.

Le Socialisme contemporain

par E. de Laveleye.

... Le socialisme est né de la contradiction qu'il y a
à élever le peuple à la dignité de souverain dans l'ordre
politique, et à le faire tomber à l'état de salarié dans
l'ordre économique...

... Le travail était autrefois une propriété grâce aux
corporations. Il est maintenant une marchandise de
cours incertain, variable, et qui ne trouve pas toujours
acheteur...

... Aux époques primitives, la terre était propriété
collective et fournissait à chaque famille le moyen de
vivre par son travail. Aux époques féodales, elle servait
à récompenser des services rendus ; mais si c'était ainsi
la faveur qui prédominait, du moins elle entraînait des
obligations à remplir. Aujourd'hui la propriété se trouve
injustement dégagée de tous liens, et on ne peut plus la
considérer que comme une source de jouissances. .

... Les ouvriers peuvent, à juste titre, reprocher à la
situation économique actuelle la dure condition que leur
fait la concurrence, en les réduisant pour vivre au salaire
strictement nécessaire, à ce qu'on a justement appelé
la loi d'airain de Ricardo. Ce sont ainsi eux qui suppor-
tent, sans défenses et sans garanties d'aucune sorte,
toutes les fluctuations d'une industrie sans cesse boule-
versée par les transformations de procédés...

... Le christianisme, qui a introduit en Occident les
idées d'égalité et de fraternité, a su en même temps
enseigner la soumission et la patience, par la promesse
d'une juste récompense des souffrances imméritées.
Aujourd'hui, le peuple auquel on enlève de plus en plus

ses croyances, ne fait qu'agir logiquement en demandant à la société la récompense de ses peines ; et, si elle se montre encore longtemps aussi impuissante à le satisfaire, il sera fatalement conduit, quand il aura assez souffert et quand il sera à bout de patience, à la bouleverser de fond en comble. Il est évident qu'il a tout à gagner et rien à perdre à ce que de ses ruines sorte un monde nouveau.

Il y a évidemment aussi dans toutes ces conclusions une grande exagération. Le peuple ne comprend pas que des prolétaires ; et, comme on le verra par les extraits faits plus loin d'un ouvrage écrit avec plus de modération, on peut même, dès maintenant, dire sans exagération que pour une de ses moitiés au moins, il y a communauté d'intérêts établie entre lui et la bourgeoisie. Il en résulte, par suite, que le recours aux mesures de violence n'est ni si facile ni si dangereux, en réalité, que le disent les démagogues, pour effrayer la bourgeoisie. A mesure d'ailleurs que les dernières classes du peuple s'élèvent dans l'ordre social, elles diminuent le nombre de ces révolutionnaires de parti pris. Il faut convenir cependant que, malgré leurs exagérations, les conclusions précédentes n'en restent pas moins vraies dans une mesure encore malheureusement beaucoup trop grande.

... L'économie politique, loin d'être un remède, n'a fait qu'établir scientifiquement la justesse des griefs des socialistes, en leur permettant de prouver combien les conséquences de l'état social actuel sont contraires aux idées de droit et de justice. Si, en effet, toute valeur et

toute propriété dérivent du travail, les biens doivent
appartenir à ceux qui les créent par le travail. De plus,
n'est-il pas injuste de voir la rente du propriétaire augmenter sans cesse, quand croît la prospérité d'un pays,
tandis que le salaire des ouvriers reste réduit au strict
nécessaire...

Il y a vraiment encore bien de l'exagération
dans ces conclusions. Mais on doit cependant convenir que si la situation de la grande masse des
travailleurs s'améliore incontestablement dans l'ensemble, avec l'augmentation de la richesse sociale
et les progrès de la civilisation, elle n'est pas encore
dans beaucoup d'industries en rapport avec l'accroissement de la production. Un commerce qui enrichit
le patron devrait non seulement donner du travail à
l'ouvrier, mais aussi améliorer sa position. C'est
d'ailleurs, comme on le sait, ce qui, dans les industries bien dirigées, tend de plus en plus à se produire.

... Faut-il donc, pour remédier à cet état de choses
funeste, accorder au travailleur, comme le demande le
socialisme, le produit intégral de son travail? Non, car
si ce produit est obtenu avec le concours des autres
facteurs de la production, la terre ou le capital, ils ont
aussi justement droit à une rémunération...
... La solution de la question est dans la subordina-
tion du capital au travail. Il faut que la propriété des
moyens de production appartienne à celui qui travaille,
comme cela existait autrefois dans une si large mesure
pour les corporations. Là est le problème à résoudre.

On arrive ici à la même conclusion que celle que

l'on faisait ressortir précédemment, en donnant un
aperçu des doctrines de Schäffle. Il faut revenir
aux corporations, en cherchant à les concilier avec
les besoins de l'organisation actuelle. Il suffirait
sans doute pour cela, de limiter dans chaque ville le
nombre des charges dans les différentes industries,
en prenant pour base le chiffre de la population, et
en laissant librement la concurrence produire ses
effets de ville à ville, de province à province. On ne
ferait ainsi, en réalité, que donner plus d'extension à
ce qui existe encore dans beaucoup de professions,
comme celles, par exemple, qu'exercent les officiers .
ministériels, ou celles mêmes qui touchent plus
directement au commerce, comme les charges de
courtiers, de facteurs aux halles... Cette réforme
pourrait être faite sans jeter aucun trouble dans les
transactions; toutes les industries qui existent actuellement étant monopolisées, les maisons de commerce où elles s'exercent n'auraient plus à craindre
de nouvelles concurrences et tendraient par suite
à augmenter de valeur, à mesure qu'augmente-
raient les besoins et le chiffre de la population.

Les patrons, se faisant dès lors entre eux une
lutte moins acharnée, pourraient aussi se montrer
moins durs pour les ouvriers, et c'est ainsi qu'arri-
veraient sans doute peu à peu à se rétablir entre
patrons et ouvriers ces liens de solidarité qui ont
fait pendant tant de siècles la force de l'organisation
du travail dans l'ancienne société.

Le rétablissement des corporations, bien loin

d'être une mesure rétrograde, comme le croient ceux qui ne se paient que de mots, semble pouvoir au contraire permettre de réaliser certaines idées socialistes considérées à juste titre, dans l'organisation actuelle du travail, comme des plus avancées. Comme les risques industriels seraient, par suite même des monopoles, beaucoup diminués, les ouvriers pourraient, en s'associant entre eux, trouver beaucoup plus facilement qu'actuellement les avances de fonds nécessaires, pour exploiter collectivement une industrie ou un commerce. Là où diminuent les risques, augmente en effet le crédit. Des sociétés financières ne tarderaient sans doute pas à se former ; et elles se contenteraient pour se couvrir des avances faites du paiement de faibles annuités, puisque la maison de commerce pourrait toujours, pour la plus grosse part, servir de garantie et de gage, comme cela se passe d'ailleurs maintenant pour les prêts consentis sur les immeubles par le Crédit foncier.

C'est ainsi qu'en commençant par réunir comme première mise un capital peu élevé, les bons ouvriers pourraient ensuite parvenir à réaliser, ce qui n'est le plus souvent pour eux qu'une espérance chimérique sous le régime de la concurrence illimitée, à être à la fois patrons et ouvriers et à devenir, comme le demandent les écoles socialistes, maîtres des moyens de production. Comme le capital serait alors réduit à ses intérêts légitimes, en raison même des avances faites, il ne pourrait toujours plus être question à aucun titre d'exploitation des ouvriers.

Il serait vraiment à souhaiter qu'on pût ainsi parvenir à réaliser par des moyens légaux et par une de ces mesures de transition, que seules en se conformant aux enseignements de la méthode de Politique positive on peut admettre comme vraiment efficaces, cette division si importante du capital, dont le besoin commence presque aussi énergiquement à se faire sentir que la division de la propriété au siècle dernier.

On voit combien, par ces conclusions, la méthode de Politique positive s'écarte en réalité des doctrines socialistes. Ce qu'elle demande, ce n'est pas, comme le collectivisme ou les autres formes de communisme, le partage plus ou moins déguisé du capital; ce sont, au contraire, des moyens légaux d'arriver à sa division, qui, sans rien bouleverser, sans déposséder personne, permettent seulement progressivement à des fractions du peuple de plus en plus nombreuses d'arriver à sa possession, et qui mettent ainsi fin à ces jalousies et à ces haines de classes farouches, qui menacent de faire courir aux nouvelles sociétés les plus grands dangers.

... Il n'y a pas à toucher au droit de propriété ni au droit de succession. Ce sont des stimulants énergiques et nécessaires de la production. Ce qu'il faut chercher, c'est à rendre le plus possible les privilèges de la fortune conformes au droit et à l'ordre naturel...

... La concurrence, qui réduit au strict nécessaire le

salaire des ouvriers et abaisse la qualité des choses
vendues, n'assure même pas autant qu'on le croit le bon
marché, car lorsque les gros industriels ont ruiné les
petits, ils profitent de leur monopole pour relever les
prix...

Indépendamment même de cette rivalité entre les
gros et les petits industriels, la concurrence que se
font encore entre eux les petits commerçants tend
aussi évidemment, quand leur nombre est trop
grand, à surélever les prix. C'est ce qui se vérifie
dans le commerce de détail, où il faut bien que tous
vendent cher, puisque c'est, pour eux, le seul moyen
d'arriver à supporter des charges qui, comparées à
leur faible chiffre d'affaires, sont relativement fort
lourdes.

... L'économie politique ne devrait pas se contenter de
s'occuper de l'accroissement de la production. Pour être
une science vraiment sociale, elle devrait aussi s'attacher
à voir si les solutions qu'elle propose sont conformes à la
justice et au droit. Et c'est ce qui, quand il s'agit du
travail, devrait lui faire chercher, tout en tenant compte
des droits de tous dans la production, à mettre aussi
un peu plus de justice dans la répartition...
... L'erreur de beaucoup de socialistes est, par contre,
de ne pas tenir assez compte, dans l'organisation du
travail, de l'intérêt individuel, qui est cependant son mobile essentiel. Mais on ne peut leur reprocher, quand on
reconnaît le travail même comme la principale source des
capitaux, de prendre, comme formule idéale de leurs revendications : « Au travailleur, la pleine jouissance de
son travail »...
... La théorie du capital, comme l'a établie Karl Marx
dans son ouvrage, qui est devenu la base scientifique des

revendications socialistes, repose sur la distinction entre
la *valeur d'usage*, celle qu'ont les objets en raison des besoins qu'ils permettent de satisfaire, et la *valeur d'échange*,
celle qu'ils ont par eux-mêmes ou par rapport à l'argent,
leur commune mesure. L'idée fondamentale de cette
théorie est que le célèbre socialiste prétend que l'entrepreneur, dans une industrie quelconque, se contente de
payer aux ouvriers la valeur d'échange, celle que les objets ont par eux-mêmes, et profite exclusivement de la
plus-value qui résulte de leur prix de vente ou de leur
valeur d'usage, qui est forcément plus grande. Or, on
sait que l'économie politique a admis comme principe que ce que reçoivent les ouvriers, le salaire et les
frais de production de toutes sortes, ou autrement dit la
valeur d'échange du travail, c'est uniquement, d'après la
loi même de Ricardo, ce qui est strictement nécessaire
pour assurer leur subsistance.

C'est en s'appuyant sur cette loi que Karl Marx établit
que, comme les heures de travail de l'ouvrier se paient
le même prix, quel que soit le nombre d'objets produits,
et par cela même qu'en une heure, par exemple, on arrive, grâce aux machines, à fabriquer deux fois plus
d'objets, le prix de ces objets tendra à diminuer ; et,
comme c'est le prix même de ces objets qui tend à régler
le salaire des ouvriers, en tant qu'ils leur sont strictement nécessaires, le salaire tendra aussi forcément à diminuer.

Il en résulte donc logiquement que plus il y aura de
travail produit, plus le salaire des ouvriers diminuera ;
tandis que, par contre, il est manifeste que plus il y
aura d'objets fabriqués et vendus, plus le bénéfice du patron tendra à augmenter...

On connaît la réfutation courante de cette théorie
de Karl Marx. C'est que la loi de Ricardo, celle du
salaire nécessaire qui lui sert de base, est loin d'être

rigoureusement vraie. L'expérience elle-même a
prouvé l'exagération de cette doctrine, puisqu'elle
permet de constater que, depuis le siècle dernier, le
salaire des ouvriers s'est tout au moins maintenu,
quand il n'a pas beaucoup augmenté, et cela malgré
l'énorme accroissement de production. La principale raison en est qu'avec les progrès de la civilisation, qui se manifestent par l'accroissement de la
production, augmente aussi le bien-être. Le salaire
tend bien, en réalité, comme l'ont fait justement
remarquer Ricardo et Karl Marx, à être basé, par
suite des dures conséquences de la concurrence, sur
les besoins strictement nécessaires de l'ouvrier ; mais
il est incontestable aussi que ce sont ces besoins
mêmes qui, en raison de la plus grande production,
de la baisse de prix de la plupart des objets de consommation et des progrès de toutes sortes, ont beaucoup augmenté ; et, finalement, le salaire, tout en se
réglant sur eux, tend aussi forcément à augmenter.

Il n'en est pas moins vrai, cependant, que les ouvriers ne participent, grâce au salaire, que très indirectement aux bénéfices des entreprises où ils usent
leur vie ; et les améliorations incontestables qu'ils
peuvent ainsi obtenir dans leur condition sont malheureusement trop souvent compromises par de ter-
ribles crises industrielles, qui peuvent, du jour au
lendemain, les réduire à la misère.

Le crédit, fait directement aux associations d'ouvriers, change complètement de face, comme on l'a
vu précédemment, la question de l'organisation du

travail. Ce sont eux, qui profitent alors de la différence entre la valeur d'échange de leur travail et la
valeur d'usage ou de vente des produits fabriqués.
Ils ont évidemment toujours, si on leur avance un
capital, à tenir compte de ses intérêts ; mais, comme
ils partagent entre eux l'excédent des bénéfices, ils
ne peuvent plus se dire exploités...

C'est ce qu'a, d'ailleurs, compris et nettement formulé un autre socialiste éminent, Lassalle, qui a
cherché, comme on verra plus loin, à organiser le
travail sous forme d'association coopérative, mais
peut-être sans pousser assez avant la question, et
sans se rendre suffisamment compte des conditions
nécessaires au fonctionnement de ces associations, et
surtout de la plus importante d'entre elles, qui est de
chercher avant tout à mettre fin aux abus de la
concurrence, pour diminuer le plus possible les
risques industriels.

L'existence de cette plus-value, résultant du surtravail
qui fait la base du système de Karl Marx, n'existe même
pas en réalité, suivant les adversaires des socialistes. Le
patron, suivant eux, ne peut, en effet, donner intégralement à l'ouvrier la valeur d'échange de son travail que
s'il ne garde rien comme intérêt du capital engagé dans
l'entreprise, et comme rémunération des risques et de
son propre travail. Prudhon avait fait remarquer, bien
avant Karl Marx, que le travailleur ne peut racheter son
produit avec son salaire. Et c'est, en effet, forcément
une impossibilité, dans l'organisation actuelle du travail,
— sauf pour le cultivateur, propriétaire du sol et de ses
instruments de travail, — car personne n'accumulerait

9.

évidemment de capital et n'emploierait d'ouvriers, s'il n'en pouvait tirer profit.

La seule manière de sortir de cette difficulté, et de ne pas enlever au producteur les fruits d'une partie de son travail, c'est d'en faire un capitaliste et de le rendre propriétaire des instruments de production. C'est ce qui avait lieu, au moyen âge, dans les corporations; et c'est une organisation semblable qu'il faut chercher à faire revivre...

Si la base de la théorie de Karl Marx est ainsi en réalité indiscutable, il n'en commet pas moins une erreur fondamentale. C'est de croire que la valeur dépend uniquement du travail, ce qui est manifestement faux, comme suffit à le prouver l'exemple de deux vignobles voisins, dont les produits valent l'un 10 francs, l'autre 1 franc, et qui, cependant, demandent pour leurs soins d'entretien la même somme de travail. Pour arriver à une notion complète de la valeur, il faut tenir compte, non pas seulement de la valeur des choses en elles-mêmes, mais aussi des avantages qu'elles procurent, de leur utilité.

C'est ce qu'on fait d'ailleurs en pratique le plus souvent même en matière de salaire; et, s'il y a encore dans les industries où la main-d'œuvre est la plus grossière, une valeur du salaire basée, comme le dit Karl Marx, sur les frais d'entretien strictement nécessaires, souvent aussi la rémunération du travail s'élève beaucoup au-dessus, et se rapproche de la valeur réelle de ce qu'il crée...

On peut aussi justement remarquer qu'il y a dans la théorie de Karl Marx une mauvaise foi manifeste à ne pas vouloir reconnaître que, si l'ouvrier est dépossédé de la plus-value de son travail, ce n'est pas toujours son patron qui en profite. Le patron est, en effet, lui-même aussi soumis à la loi de la concurrence; et, en dernière analyse, les améliorations industrielles profitent surtout aux consommateurs. On peut légitimement croire, il est

vrai, qu'on pourrait arriver autrement à la même conséquence ; mais il n'y en a pas moins là, dans l'organisation actuelle, un fait d'une trop grande importance,
pour que les socialistes puissent le passer sous silence.
Ce fait seul suffit à montrer combien ces luttes de classes
et ces rivalités entre patrons et ouvriers, provoquées
le plus souvent pour satisfaire des ambitions malsaines,
sont en réalité peu justifiées. Ce n'est pas, il est
vrai, ce que cherchait à prouver Karl Marx, qui ne voulait au contraire que les exciter, pour faire à tout prix de la
propagande...

    ... Quand Karl Marx soutient aussi que le capital ne
produit pas de valeur, puisque, si une machine fabrique
deux fois plus d'objets, la valeur de ces objets baissera
de moitié, il ne s'attache manifestement qu'à la valeur
d'échange, celle dont dépend directement le salaire des
ouvriers, contrairement à ce qu'il faisait pour trouver la
plus-value du salaire, qui ne s'obtient qu'en faisant intervenir la valeur d'usage ou prix de vente de la chose.
Or, quand il s'agit de la production des machines, c'est
évidemment cette dernière valeur qu'il faut considérer,
et on ne peut raisonnablement soutenir que, si, grâce
au capital et aux machines, on peut mettre deux fois plus
de choses à la disposition des consommateurs, il n'y a
pas cependant production de valeur...

Bien loin de croire qu'ils ne produisent pas de valeur,
il faut au contraire regarder le capital et les machines
comme la principale source de la richesse, qui n'est en
toutes choses que l'abondance des choses utiles.

On voit donc qu'on ne peut justement se baser, comme
l'a fait Karl Marx, sur le travail qu'elles ont coûté pour
estimer la valeur des choses, et prétendre par suite qu'il
faut en réserver tout le produit pour l'ouvrier.

On ne tiendrait compte ainsi, ni de la part qui revient
légitimement au capital, ni de celles de l'intelligence et
de l'esprit d'invention. Ce sont là cependant de véri-

tables forces intellectuelles, qui s'incarnent dans les machines, et qui peuvent à juste titre être regardées comme prépondérantes sur le travail de l'ouvrier par cela même qu'elles lui permettent de produire beaucoup plus, sans cependant lui demander plus de temps et de fatigues.

Il y a, comme on le voit, dans ces extraits et dans ces résumés, une réfutation des doctrines de Karl Marx, qui vient compléter les remarques précédemment faites. Ce qui résulte de cette réfutation très nette, c'est toujours la confirmation de la même idée.

Dans l'organisation actuelle du travail il y a exploitation réelle des ouvriers, en ce sens que, tandis que le patron dans une entreprise qui prospère garde pour lui tous les bénéfices, l'ouvrier ne touche jamais que son salaire. Il est vrai que, si l'entreprise ne prospère pas, le patron est par contre encore plus à plaindre que les ouvriers. Il y a donc là en tout état de cause des conséquences funestes, qu'on ne peut blâmer le socialisme de chercher le plus possible à atténuer. On va voir quelles ont été dans ce but les réformes proposées par Lassalle, celui des disciples de Karl Marx, dont les idées ont exercé le plus d'influence sur le développement des écoles socialistes actuelles.

... Lassalle s'est surtout attaché à vulgariser les idées de Proudhon, de Robertus et de Karl Marx. Il pose en principe que la classe ouvrière, qu'il appelle le quatrième Etat, doit forcément arriver par le suffrage universel à dominer la société.

A cette question : L'ouvrier peut-il améliorer son sort ?

Lassalle répond : « Non, la loi du salaire s'y refuse ». Il reconnaît cependant que sa manière de vivre peut s'améliorer, et que ses besoins de première nécessité peuvent changer ; mais il n'en admet pas moins que le salaire gravite forcément autour d'un minimum variable d'une époque à l'autre ou d'un pays à un autre. C'est là, suivant lui, un résultat funeste qu'il faut chercher le plus possible à atténuer, parce qu'il n'assure trop souvent, en réalité, qu'une bien triste condition à l'ouvrier, qui ne peut dans beaucoup de métiers élever que bien difficilement ses enfants, et qui est même parfois réduit à s'expatrier...

... Lassalle distingue pour la production trois catégories d'objets. D'abord, les objets d'art qu'on ne peut reproduire et dont la valeur dépend de l'appréciation des amateurs ; puis les denrées agricoles, qu'on ne peut produire que dans une certaine limite, et dont le prix correspond aux frais de production les plus élevés ; et enfin, les objets manufacturés, qu'on peut multiplier autant qu'on le veut, et dont le prix déterminé par la loi de la concurrence est basé sur les frais de production dans les conditions les plus favorables. Il classe, à juste titre, le travail dans cette troisième catégorie ; et il en conclut, comme Karl Marx, que le salaire sera déterminé par le minimum du coût d'entretien de la force productive, c'est-à-dire par les moyens de subsistance du travailleur.

... Il reconnaît aussi par suite que les sociétés de consommation, les œuvres de bienfaisance ne peuvent pas être d'un secours bien efficace pour améliorer la situation des ouvriers, parce que, si elles se généralisent, les ouvriers vivront, il est vrai, avec moins de dépenses, mais il en résultera une baisse des salaires. Il n'y a donc d'efficace qu'une réorganisation du travail sur d'autres principes...

... Lassalle fait aussi remarquer, comme Karl Marx, que, si le capital représente du travail accumulé, c'est pour la plus grande partie du travail des ouvriers qui, cependant, ne peuvent presque jamais arriver à capitaliser. Il reconnaît que la direction mérite salaire ; mais il fait aussi justement observer que dans les grandes compagnies actuelles ce ne sont pas les directeurs qui jouissent des bénéfices, mais les actionnaires qui ne font rien. C'est surtout pour ces derniers que la rémunération est le plus souvent hors de proportion avec le service rendu. Il faut bien, il est vrai, tenir compte des risques ; mais ces risques, qui existent incontestablement pour chaque industriel pris séparément, n'existent pas pour l'ensemble. Ce que l'un perd, l'autre le gagne ; et la richesse des capitalistes n'en continue pas moins à croître sans cesse au préjudice de la classe ouvrière...

... Lassalle, pour résoudre la question, propose de réunir le capital et le travail dans les mêmes mains au moyen des associations coopératives de production...

... Il ne s'agit pas, dit-il, de faire jouer à l'Etat le rôle, de directeur ou d'entrepreneur d'industrie, mais seulement d'édicter des règlements, d'examiner des statuts et de s'efforcer, par un contrôle suffisant, d'assurer la sécurité des fonds avancés...

... Il faut organiser de grandes corporations de métiers sur le modèle des grandes sociétés métallurgiques actuelles et des compagnies de chemins de fer. Quand tous les ouvriers verront qu'ils ont part aux bénéfices, la production ne pourra qu'augmenter et se régulariser ; et on parviendra ainsi sûrement à atténuer ces haines de classes et ces dangereuses rivalités qui menacent de causer de grands troubles dans la société...

Les essais faits, en Allemagne, dans ce sens et encouragés par Bismarck, qui était lui-même partisan assez convaincu des idées de Lassalle, ont donné de bons résultats pour tout ce qui touche à la pro-

duction; mais, pour le commerce et pour les conséquences économiques de la distribution et de la
répartition, il n'en a pas été de même. Il n'y a du
reste pas lieu de s'en étonner, parce que là les
effets de la concurrence sont plus directs; les associations d'ouvriers sont ruinées par la concurrence
des capitalistes. Ce sont les intérêts réciproques
qu'il faudrait pouvoir sauvegarder; et il faut pour
cela des changements dans les habitudes commer-
ciales et économiques, qui mettront sans doute
encore bien des années à s'accomplir.

Ce qui prouve cependant, dès maintenant, qu'il n'y
a en réalité aucune impossibilité matérielle à assurer
le fonctionnement des associations coopératives,
c'est que, si ces associations n'ont guère pour la
plupart donné de bons résultats, en France et en
Allemagne, certaines ont au contraire brillamment
réussi en Angleterre.

... En réalité, comme le constate Lassalle, on ne peut
guère faire aux associations qu'un reproche sérieux : c'est
la difficulté d'obtenir de bons gérants avec la complication
forcée des écritures...

... Si le dévouement a sa place dans la vie, c'est, au
contraire, presque toujours dans la sphère des intérêts
matériels l'intérêt personnel qui domine. Il faudrait donc
que les directeurs fussent aussi bien payés dans les associations coopératives que dans les grandes sociétés ano-
nymes actuelles; et ce n'est pas malheureusement ce
qui tend jusqu'à présent à se produire dans ces associations, où les participants veulent, le plus souvent, par
une fausse application des idées d'égalité, élever, du jour
au lendemain, l'un d'entre eux aux difficiles fonctions

de gérant. Ils devraient, dans l'intérêt même de la collectivité, choisir toujours quelqu'un qui offre des garanties suffisantes d'aptitude et de capacité et ne pas reculer même au besoin devant le choix d'un bourgeois, qu'ils ne repoussent que par une animosité injustifiée. Mais ces erreurs n'auront forcément qu'un temps; et ce qui prouve que la coopération ne peut tarder à devenir un mode d'association des plus pratiques surtout dans les grandes industries et les grandes exploitations, ce sont les exemples déjà nombreux d'associations de ce genre qui ont brillamment réussi, et qui démontrent ainsi que c'est là que conduisent les progrès de la civilisation...

Les enseignements de la Politique positive, qui se basent surtout sur les besoins et les aspirations, ne peuvent que confirmer ces conclusions. Si les progrès de l'industrie conduisent, comme cela devient chaque jour de plus en plus manifeste, à former de grandes associations, bien loin de vouloir réagir contre cette tendance, il faut, au contraire, s'y conformer; et le rétablissement des corporations ne peut manifestement que favoriser la nouvelle organisation du travail basée sur la coopération.

La grande question, afin de pouvoir satisfaire, en ce qu'elles ont de juste, les revendications socialistes, est de parvenir, dans tous les genres d'industries, à répartir plus équitablement les bénéfices. Il faut réduire à une part plus faible la rémunération du capital, ce qu'on ne peut faire justement qu'en diminuant pour lui les risques. Rien n'empêchera donc de donner une libre extension au système de la participation, quand on n'aura plus à

lutter contre les abus de la concurrence. Ce qui le
prouve, c'est que, dès maintenant, dans certaines
industries privilégiées, les patrons ont, dans leur
intérêt même, admis ce système.

L'État ne peut aussi de son côté qu'encourager
ces tendances : s'il doit, en effet, chercher le plus
possible à augmenter les capitaux, il n'y a assurément pour lui aucun avantage, surtout dans une
société démocratique, à ce qu'ils s'accumulent sans
cesse dans les mêmes mains. La division des capitaux, bien loin d'en empêcher le groupement comme
on l'avait dit à tort, ne fait, au contraire, que le
faciliter. C'est ce que prouvent surabondamment
tous les emprunts contractés dans ces dernières
années par les villes, par les compagnies de chemins
de fer et par les grandes compagnies industrielles,
qui ont surtout été effectués grâce au concours de la
petite épargne.

... Les mauvais résultats qui ont été obtenus, en
mettant en pratique le système des associations coopératives, doivent surtout être attribués au système vicieux
des subventions. Les ouvriers eux-mêmes reconnaissent
maintenant que ce système est mauvais. Il faut acquérir
petit à petit le capital pour savoir le faire fructifier...

Cette remarque est évidemment fort juste, et dans
l'organisation du travail, comme en politique, il y a
beaucoup à attendre des progrès de l'éducation du
peuple. On peut aussi remarquer que le système des
assurances industrielles précédemment exposé dans
ses principes essentiels n'offre pas les mêmes dangers.

Le capital n'est pas mis directement entre les mains des associations. Elles n'ont à leur disposition que les moyens de production. C'est en échange de l'avance qui leur en est faite qu'elles paient aux compagnies d'assurances non seulement les intérêts du capital, ce qui les laisserait dans l'obligation de le restituer et serait sans doute pour elles par trop difficile, mais ces intérêts augmentés d'une prime d'amortissement, comme pour les prêts hypothécaires actuels, dont on connaît le fonctionnement.

Les associations coopératives, syndicats ou nou velles corporations n'ont ainsi besoin, quel que soit leur nom, que de prendre sur leurs bénéfices le montant de l'annuité à payer à la compagnie d'assurances. Comme cependant les bénéfices sont toujours très aléatoires dans les entreprises industrielles, les compagnies exigeraient, sans doute, comme le font certains propriétaires pour les loyers, que la prime fût payée d'avance. L'association coopérative devrait alors grouper les capitaux nécessaires; mais il est évident que la chose serait toujours pour elle bien plus facile que s'il lui fallait acheter entièrement l'usine ou le fonds de commerce mis à sa disposition.

Il est aussi probable qu'en cas de non-paiement de l'annuité ou de trop grosses dégradations la compagnie d'assurances conserverait le droit de se faire indemniser et de traiter avec une autre association.

Toutefois, pour qu'il n'y ait pas alors pour la compagnie de trop grands risques à courir, il faut,

comme on l'a vu précédemment, que l'assimilation
des avances de capitaux en matière industrielle et
en matière immobilière soit complète. Il faut qu'un
commerce ou une industrie aient toujours une
valeur propre, qu'ils soient ou non entre les mains
de syndicats d'ouvriers, et que ceux qui le possèdent
fassent ou non de bonnes affaires.

C'est ainsi qu'on est logiquement conduit à revenir
au système du monopole et des corporations ; mais
on voit combien les enseignements de la Politique
positive s'écartent ainsi des doctrines socialistes. Il
ne s'agit nullement, comme dans les doctrines de
Cabet ou de Louis Blanc, de trouver un système
plus ou moins utopique de crédit gratuit ; ce qu'on
cherche simplement, c'est un moyen pratique de
mettre directement le capital, moyennant une
faible rémunération, à la portée de classes de plus
en plus nombreuses.

... Le socialisme trouve justement que, dans sa forme
actuelle, la propriété conduit trop souvent à retirer sans
travail d'un capital que la loi vous attribue, un revenu
hors de proportion avec le service rendu. Il veut que,
comme le demandait avec raison Bastiat, ce qu'on paie
dans le produit, ce ne soient pas les forces de la nature,
qui devraient être gratuites pour tous, mais les forces de
l'homme.

Quand les sociétés de production seront parvenues à
être propriétaires des terres et des capitaux, le travailleur,
en prenant place dans l'atelier, entrera par là même en
possession viagère de l'instrument de travail et de la
part d'avoir social qui correspond à son emploi. Et c'est
ainsi que pourra justement être mise en pratique cette

belle maxime de Saint-Simon : « A chacun suivant ses
capacités et à chaque capacité suivant ses œuvres »...

Voilà aussi où l'on peut justement croire que les
systèmes socialistes tombent dans l'erreur et dans
l'exagération. Si les travailleurs devenaient propriétaires de tant de choses, terres, capitaux, instruments de travail, pourquoi ne pas admettre aussi, ce
qui est d'ailleurs bien conforme aux lois de la nature
humaine, qu'ils aimeraient beaucoup mieux, au lieu
de travailler, faire comme actuellement les bourgeois
qu'ils envient tant, c'est-à-dire vivre à ne rien faire.

On s'éloigne ainsi par trop de ce qu'il y a de
vraiment juste dans les revendications socialistes,
quand elles se contentent de demander des réformes
dans l'organisation du travail, permettant de donner
à l'ouvrier une part plus grande dans les bénéfices.

D'ailleurs, en supposant même que ces revendications pussent être satisfaites, on devrait en suivant
les enseignements de la Politique positive se refuser
à les admettre, parce qu'elles n'offriraient pas ce
caractère de mesures de transition, qui seul peut
permettre d'arriver à réaliser d'aussi importants
changements sans danger.

... On voit ainsi, en résumé, que ce qui distingue
essentiellement les doctrines de Lassalle de celles de
Karl Marx, c'est qu'elles sont beaucoup moins exagérées,
parce qu'il n'a pas cherché comme ce dernier à donner
un caractère international à ses idées. Il s'occupait
surtout de l'Allemagne, et c'est là ce qui fait que ses
doctrines n'ont pas pris le caractère démocratique si
avancé de la plupart des autres systèmes socialistes. Il

pensait, en effet, qu'une république bourgeoise pouvait
moins facilement que tout autre forme de gouvernement
accueillir ses idées, parce qu'elles diminueraient forcément la prépondérance des classes aisées; mais qu'une
monarchie pourrait au contraire y trouver un grand
accroissement de popularité...

Au moment où il écrivait, et en voyant de nouveau la démocratie française asservie au joug du
second empire, Lassalle pouvait justement croire
que le socialisme avait encore plus de chances
d'aboutir à des solutions immédiates en Allemagne
que partout ailleurs. Mais il ne tenait pas assez
compte, dans cette appréciation, de l'éducation politique du peuple, qui était sûrement alors en France,
malgré les apparences, de beaucoup plus déve-
loppée qu'en Allemagne.

On a vu, en effet, en étudiant les principes de la
Révolution dans leurs développements, que tous ces
changements de régimes et ces luttes politiques
continuelles, encore maintenant pour la plupart
inexplicables aux étrangers, marquaient cependant
presque toujours en définitive quelque nouveau
progrès réalisé.

On peut donc à juste titre espérer que la France,
mettant à profit son expérience déjà si chèrement
payée, pourra bientôt triompher des difficultés que
présentent toutes ces questions si complexes de socialisme et d'organisation du travail, et compléter
ainsi dignement l'œuvre de réorganisation sociale
et politique qu'elle a entreprise au siècle dernier.

Socialisme

par Paul Boilley.

... Le suffrage universel dans sa plus haute conception théorique se présente comme le régulateur suprême du mouvement social, le promoteur et l'exécuteur de tout progrès politique...

... Toute phase sociale bonne ou mauvaise est poussée par une phase future, qui se prépare à la remplacer. C'est la loi d'évolution, qui se rencontre dans l'ordre politique comme dans l'ordre naturel...

... Pour faire l'étude du suffrage universel, il faut faire l'étude des diverses classes de la société et analyser leurs aspirations. La distinction capitale est celle du prolétariat ouvrier et du prolétariat rural. On peut justement reprocher au premier d'avoir l'esprit trop changeant ; mais il faut aussi l'en excuser, car la cause de cette inconstance est surtout due au manque d'éducation politique et à l'ignorance, qui laissent chez lui dominer la passion...

... L'ouvrier n'a pas le respect de la femme. Il néglige souvent ses enfants, et il dépense son argent sans souci du lendemain. Mais on peut encore lui trouver des excuses, dans l'impossibilité où il est de sortir de sa condition, et dans les nécessités de la lutte constante contre la misère, à laquelle il est, le plus souvent, irrémédiablement condamné. Si l'esprit chez lui est souvent trop prompt, c'est surtout parce qu'il manque de l'équilibre que parviendront à lui donner l'instruction et l'éducation...

... Quant au paysan, à l'ouvrier rural, le socialisme

pour la même raison capitale, le manque d'instruction, ne peut pas encore compter sur lui. Ce qui prouve, cependant, qu'il est loin d'être réfractaire aux idées nouvelles, c'est que, dès maintenant, il se montre attaché à la république...

... Le prolétaire bourgeois est celui qui, comme le savetier de Lafontaine, a perdu son insouciance en réalisant un petit magot. Il obéit en politique à un individualisme mesquin et il se range toujours du côté du parti qui lui parle de diminution d'impôts, de reprise des affaires...

... Le jour où il aura compris qu'il n'est qu'une proie pour le capitalisme, et que seule une transformation sociale peut lui assurer cette sécurité du lendemain qu'il recherche avec tant d'efforts, alors seulement le socialisme pourra triompher. Il cherchera à convaincre, non plus à effrayer, et il entrera alors dans la voie d'un développement normal et régulier...

... La petite bourgeoisie est encore plus attentive aux questions d'argent qu'à celles de principes. Elle penche ainsi forcément vers le capitalisme, qui lui laisse l'usage de quelques faibles privilèges, afin de pouvoir sans cesse de son côté en acquérir de plus grands. Cependant, comme elle est plus avancée en instruction que les prolétaires bourgeois, elle sait qu'elle est exploitée, et elle ne suit pas le capital sans répugnance. Le socialisme peut donc se faire une précieuse alliée de la petite bourgeoisie; mais il doit pour cela chercher à la convaincre et non à l'effrayer. Il faut tenir grand compte d'un fait capital, qui est que, si cette classe s'unit avec celle du prolétariat bourgeois, qui le plus souvent se laissera entraîner par elle, elles peuvent, à elles seules, fournir un appoint qu'on peut évaluer à plus des 4/10 du corps électoral...

... Les autres classes, qui au moyen des capitaux gouvernent toutes les forces vives du pays, ont uniquement pour but, sous tous les régimes, de retarder le plus possible l'avènement au pouvoir des classes prolétariennes, qu'elles exploitent. Les cléricaux, comme l'ont fait de tous temps les hommes de religion, cherchent avant tout leurs intérêts, et ont pour principe de ne s'inféoder à aucun parti politique. Il n'y aurait donc rien d'étonnant à les voir venir au socialisme, et c'est d'ailleurs ce qu'ils commencent à faire...

... La noblesse est inconciliable. Elle cherche encore maintenant à éviter les mésalliances, qu'elle ne subit toujours qu'en raison d'extrêmes besoins d'argent. Elle sent elle-même l'impossibilité de concilier les vieux privilèges, qui étaient sa raison d'être, avec les idées nouvelles; et elle s'éloignerait d'un socialisme même clérical...

... La grande et la moyenne bourgeoisie ont pour champ d'action la finance, l'industrie, le commerce. On sait quelle énorme influence exercent les financiers sur le gouvernement, et sur la haute industrie, indépendamment même de toutes questions de races et de religions et on ne s'aperçoit que trop fréquemment des tripotages et des ruines qui servent de bases à leurs fortunes. Ces hautes classes se partagent depuis longtemps déjà les hauts postes de l'armée, du clergé et de la magistrature. Elles ont ainsi entre leurs mains le gouvernement, et la république elle même n'a que trop prouvé, malgré ses promesses d'émancipation faites au peuple, qu'elle était trop asservie à ces nouveaux privilégiés, pour pouvoir les réaliser...

... D'après les données de la statistique, on peut compter pour les classes capitalistes privilégiées, 17, 5 0/0 des droits de suffrage; pour les classes prolétariennes socialistes, 18 0/0; et pour les classes mixtes 64 0/0. Cette grande moyenne, qui dépasse à elle seule les 2/3 des votants, marche vers la démocratie; et c'est ce qui fait que, malgré tout, en envisageant les intérêts du peuple, la question politique est en bonne voie ; mais, pour la question sociale et économique, rien encore en réalité n'a été fait. La principale raison en est que le socialisme n'a pas encore trouvé de formule qui puisse résumer ses aspirations et être facilement admise par ces classes intermédiaires dont il ne faut évidemment pas léser les intérêts...

... Il y a ainsi pour le développement et la propagande des idées socialistes de grandes difficultés matérielles, qui en arrêteront pour longtemps encore les progrès. C'est, d'abord, le manque d'argent; ce sont ensuite le défaut d'éducation politique chez le peuple dans les campagnes, et la grande faute que commettent les socialistes des villes, qui effrayent inutilement par leurs menaces de partage la petite bourgeoisie et ne font ainsi que l'éloigner d'eux...

... Il n'y a aussi entre les travailleurs aucuns liens véritables. Chaque fraction se confine dans des revendications de métiers, et l'accord qui serait indispensable entre les ouvriers industriels et agricoles, pour faire des socialistes une minorité au moins égale en nombre à celle des capitalistes, ne peut le plus souvent se réaliser. Il n'y a eu jusqu'à présent que des questions patriotiques ou essentiellement politiques, qui aient pu grouper toutes les forces populaires...

... On voit combien la réalisation de la question sociale se trouve ainsi entravée. Malheureusement, il en sera toujours ainsi, tant que la petite bourgeoisie sera assez aveuglée pour considérer les mouvements populaires, basés sur les revendications économiques, comme attentatoires à la sûreté de sa bourse et à celle de l'Etat, qui, lui, a tout intérêt à l'entretenir soigneusement dans ces idées...

... D'ailleurs, en admettant même le succès d'une insurrection de prolétaires, il est évident qu'après la victoire devrait commencer la période d'organisation Actuellement, on tomberait forcément dans la tyrannie populaire; et comme chaque fois qu'on a déjà, sans but précis, usé de violence, on finirait par échouer misérablement, parce que l'exil et l'échafaud ne peuvent longtemps servir d'arguments...

... Il y a bien, il est vrai, un moyen radical avec lequel on dupe certaines classes du peuple. C'est de leur proposer tout simplement, pour mettre fin aux abus du capitalisme, de supprimer la bourgeoisie. Mais il faut vraiment être bien naïf pour y croire. Cette suppression porterait en réalité sur quelques millions de têtes; tandis que pour supprimer les insurgés il suffit, comme l'expérience l'a déjà prouvé, d'en châtier quelques milliers, et la chose, pour les capitalistes, est des plus faciles. Ils ont, pour eux l'armée, et ils représentent, en outre, incontestablement la légalité, tant qu'ils gouverneront avec la majorité des suffrages populaires...

... La violence, employée ou non, sera donc sûrement impuissante, et la question sociale n'aura pas avancé. Il s'agira toujours de choisir entre le socialisme, qui revendique une répartition plus équitable des charges et des bénéfices sociaux et qui a, en réalité, pour lui la justice, et entre le capital, qui ne s'appuie que sur des lois faites exclusivement à son profit. Comment donc trancher la question? Par le suffrage universel, quand il sera assez instruit et quand il pourra s'y produire un revirement d'opinion amené par la propagande des idées socialistes...

... Malheureusement, jusqu'à présent aucune des écoles actuelles ne semble encore en possession de la formule qui, suivant leurs promesses, doit régénérer la société. Ce qu'on peut, dès maintenant, affirmer c'est que le socialisme, puisqu'il prétend marcher avec les progrès de la civilisation, doit être dégagé de tout esprit de secte et sortir des théories pures et des systèmes. C'est uniquement, en effet, de la satisfaction des besoins et non pas de la réalisation d'idées plus ou moins chimériques que le progrès dépend.

... Les conditions de la lutte sont donc ainsi, dès maintenant, posées : d'un côté 17,5 0/0 pour le capital, de l'autre 18,5 0/0 pour les socialistes, et, dans le milieu, 64 0/0 pour des classes sans foi politique précise. La conclusion est donc qu'il faut changer cette proportion pour faire triompher le socialisme ; et, le meilleur moyen pour y parvenir, est de travailler le plus possible à l'éducation politique du peuple...

Sans partager entièrement toutes les idées de l'auteur, on ne peut que louer la justesse de ses aperçus et leur remarquable netteté. C'est ainsi, évidemment, qu'indépendamment de toutes questions de principes, la question sociale se trouve posée. Les classes, que la première Révolution avait cru pouvoir supprimer, existent encore avec leurs passions et leurs intérêts opposés. Les distinctions entre elles ont seulement changé de caractère ; et elles sont basées non plus sur des questions de races, mais sur des questions d'argent. Il en résulte, par suite, pour les sociétés nouvelles, un grand danger, car un principe de hiérarchie, uniquement basé sur les dons toujours si aléatoires de la fortune, est manifestement en opposition avec les autres principes démocratiques basés, en théorie du moins, sur la justice et l'équité.

C'est ce qui a conduit, précédemment, à essayer de démontrer combien serait préférable un principe de hiérarchie comme celui de l'élection graduelle, qui, comme on a pu s'en rendre compte en suivant, dans leur évolution, les principes de la Révolution, semble au contraire devoir en être la conséquence logique. Il peut, en effet, s'étendre aussi facilement que l'avait fait autrefois le vieux principe d'hérédité à l'organisation tout entière de la société ; et il pourrait ainsi former, sans être en contradiction avec aucun de leurs principes, le complément nécessaire des institutions démocratiques.

Il ne s'agit évidemment pas, quand on conteste la légitimité de l'omnipotence des capitaux, de chercher à les supprimer et de tomber dans le communisme. Leur raison d'être et leur utilité sont mises hors de cause. Mais ce qu'on ne peut admettre, c'est qu'ils servent uniquement de base à toutes les distinctions sociales, comme ils tendent de plus en plus à le faire. On ne peut alors, en effet, aboutir, en raison même des vices du principe, qu'à de violentes haines de classes, se manifestant périodiquement par de sanglantes révolutions.

L'ancienne civilisation n'était pas tombée dans cette erreur. Son principe d'autorité et le droit divin lui-même consacrés par l'hérédité s'appuyaient sur la noblesse, basée elle-même, à l'origine du moins, sur les services rendus au pays ; ce qui est toujours un principe plus respectable que la fortune souvent si mal acquise et qui ne répond, en principe, qu'à des satisfactions d'égoïsme. La nouvelle civilisation, si elle veut s'assurer un fécond et paisible développement, doit faire comme l'ancienne société, s'organiser hiérarchiquement et surtout prendre comme

signe de distinction autre chose que l'argent. Elle a
aussi, dès maintenant, comme l'a encore si justement fait remarquer Auguste Comte, ses titres de
noblesse, qui sont les conquêtes de la science. Les
hommes vraiment supérieurs, ceux qui méritent le
plus d'être distingués, ce sont les savants et les bien-
faiteurs à un titre quelconque de l'Humanité.

La France, qui a toujours produit, dans toutes les
branches de l'Art et de la Science, tant d'hommes
éminents, doit aussi chercher à récompenser leur
mérite et à en faire la juste base de ses distinctions
dans l'ordre social. Elle pourra ainsi s'affranchir de
plus en plus du joug de l'argent, et elle n'en conti-
nuera que mieux à remplir la noble mission qui
semble lui avoir été assignée, celle de marcher sur
la route du progrès et de la civilisation, en tête de
l'Humanité.

On vient de faire allusion à une pensée fort juste
d'Auguste Comte, celle de la légitimité des distinctions sociales basées sur le talent et les capacités.
Mais on est, cependant, loin d'admettre l'extension
que l'éminent philosophe devait, par la suite, donner
à cette idée, et qui l'a conduit à la religion de l'Humanité, parce qu'on croit qu'il n'a fait ainsi que la
dénaturer.

On ne peut pas s'attacher à le démontrer dans
cette étude, où l'on a eu pour but de s'occuper de politique et non des doctrines de philosophie positive.
Mais, ce qu'il est peut-être utile de montrer, car le

10.

titre même de la méthode suivie semble indiquer le
contraire, c'est que la Politique positive est, en réalité, absolument indépendante des doctrines de philosophie positive.

Quand il s'agit de comprendre le Positivisme non
plus comme une méthode scientifique, mais comme
la seule vraie philosophie et la religion de l'avenir,
on peut d'autant moins suivre Auguste Comte dans
cette voie qu'il semble vraiment que là il s'est trompé.
Cette erreur serait, d'ailleurs, aussi celle qu'on pourrait reprocher, malgré toute sa science et son éru-
dition, à son éminent disciple Littré et à tous ceux
qui ont voulu, à sa suite, faire du Positivisme une
doctrine matérialiste.

Elle repose essentiellement sur ce qu'il est contradictoire, comme l'ont fait nettement ressortir les
chefs de plusieurs écoles de philosophie contemporaine, Caro, Stuart Mill, Herbert Spencer, de ne pas
reconnaître, quand on base les lois de l'évolution sociale sur le progrès sans limites, qu'il existe à côté
de ce qui est ou sera connu, non seulement l'in-
connu, mais l'inconnaissable. Il y a tout un ordre
de faits, comme l'espace sans bornes, les premiers
principes des choses dans l'ordre physique, et l'enchaînement de causes sans termes dans l'ordre intel-
lectuel, dont on ne peut logiquement conclure qu'ils
n'existent pas, parce qu'ils nous sont inaccessibles.
Dire que les bornes du savoir humain sont sans limites, c'est reconnaître par là même l'existence de ces
faits qui resteront toujours inaccessibles. C'est aussi,

par suite, en revenir à l'idée qui sert de base à toutes les religions, la croyance à l'immensité et à un Dieu qui gouverne le monde.

Le Positivisme, en vertu même de son principe fondamental, la loi de progrès, se trouve donc ainsi rejeté hors du domaine de la religion et de la métaphysique. Il reste toujours cependant incontestablement, ce qu'on y a vu dans cette étude, une puissante et féconde application de la méthode expérimentale aux diverses branches du savoir humain.

Principes de Sociologie d'Herbert Spencer

traduits par E. de Cazelles

Pour se rendre compte de l'importance qu'a par elle-même la méthode de Politique positive, indépendamment de toutes doctrines philosophiques, il suffit de rapprocher des doctrines d'Auguste Comte celles d'Herbert Spencer. On voit ainsi que l'éminent philosophe anglais s'écarte des idées philosophiques positives « parce qu'il constate l'impossibilité logique du relatif quand il n'est pas en relation avec un absolu réel », mais qu'il reconnaît cependant, comme l'avait fait Auguste Comte et avant lui Condorcet, la grande loi de progrès comme base des connaissances humaines. A la fin du dernier volume de son ouvrage si important « les Principes

de Sociologie », où il suit les institutions politiques
de l'Humanité dans leur développement, Herbert
Spencer cherche aussi, en suivant la méthode indiquée par Auguste Comte, à baser sur l'étude du
passé des prévisions pour l'avenir, et il arrive ainsi
aux conclusions suivantes :

... Les institutions politiques dépendant en grande
partie des modes d'existence et déterminées par le climat
et les productions du sol continueront à varier dans
l'avenir comme dans le passé. Dans l'Asie centrale, il y
aura toujours par exemple des hordes nomades. Mais là
où l'évolution sociale pourra atteindre son apogée,
comme on peut conclure en sociologie comme en histoire
naturelle, que les causes qui ont produit certains effets
continueront à produire des effets du même genre, on
est conduit à penser que l'organisation des sociétés se
rapprochera d'un des deux modes industriels ou mili-
taires, qui prédomineront successivement suivant les
alternatives de paix ou de guerre, jusqu'à ce que, sous
l'influence des progrès de la civilisation, le mode industriel l'emporte définitivement...

... Pour étudier l'avenir de l'Humanité, il faut s'attacher surtout à voir quelles sont les institutions qui répondent le mieux à ce mode industriel. C'est évidemment
comme gouvernement le mode représentatif avec ses
variétés. La forme définitive du pouvoir exécutif semble
devoir être élective. L'autorité politique héréditaire, type
du mode militaire, sera comme lui éliminée, et le rôle
de chef de l'Etat deviendra de plus en plus un poste
purement honorifique. Comme moyen de gouvernement,
la décentralisation, conséquence logique de l'affaiblissement nécessaire du principe d'autorité, deviendra le
caractère essentiel du type industriel.

... La vie sociale reposera sur la coopération volon-

taire. Chacun cédera la faible portion de son travail qui
est nécessaire aux besoins de l'Etat, pour satisfaire les
besoins de la collectivité. Chacun aussi conservera sa
sphère propre d'action, indépendamment de toutes ces
exagérations altruistes où tombent certains systèmes
socialistes, qui parlent de mettre tous les enfants à la
charge de l'Etat, comme si ce n'était pas manifestement
une charge injuste pour ceux qui n'en ont pas...

... Aucun politique digne de ce nom ne peut espérer
pouvoir brusquement changer par des réformes l'état
d'une société. Les constitutions ne se font pas uniquement
sur le papier, et si l'on veut aller trop vite, une
réaction de sens contraire se produit inévitablement.
Une trop prompte expansion donnée à une idée cependant
juste, comme celle de l'égalité politique, n'a pu ainsi
aboutir qu'à la pire des dictatures, celle des comités...

... Si l'on peut justement blâmer les vices de l'organisation
actuelle et aller jusqu'à dire que ce n'est que
l'exploitation du grand nombre par le petit, il ne faut
cependant pas tomber dans l'extrême opposé tout aussi
injuste, le communisme, qui deviendrait l'exploitation du
petit nombre par le grand. Ce qu'il faut, c'est uniquement
se baser sur l'équité. Mais ce qui empêche malheureusement
les nations modernes de le faire autant
qu'il serait possible en réalité, c'est le militarisme, reste
de barbarisme dont elles ne sont pas encore affranchies,
qui les force à conserver une foule d'institutions adaptées
à ces besoins factices et qui les empêchent d'en admettre
une foule d'autres sûrement bien plus profitables pour
l'Humanité.

On ne peut cependant, à un moment donné et dans
certains états de civilisation, contester l'utilité de la
guerre, mais elle semble, dès maintenant, avoir assuré
tous les avantages qu'elle pouvait procurer. Les provinces
et les petits états se sont groupés en grandes nations,
autant du moins que cela était nécessaire pour les pro-

grès de la civilisation. Les avantages commerciaux, autrement importants en réalité que ceux des guerres, fournissent aussi dès maintenant un stimulant suffisant pour les grandes entreprises. Il n'y a cependant pas à s'illusionner, et longtemps encore sans doute, il faudra supporter la persistance du militarisme; mais ce qu'on peut faire du moins dès maintenant, c'est essayer de montrer la route à suivre, celle du progrès. On pourra ainsi faciliter l'action des forces qui tendent à le produire, forces qu'il faut encourager, si elles ont pour but d'amener cette coopération volontaire conforme aux besoins du type industriel; forces, qu'il faut au contraire énergiquement combattre, si elles sont conformes à ce type du militarisme qui, avec ses excès de centralisation, conduit fatalement au lieu de marcher en avant à retourner en arrière...

On voit combien ces conclusions sont conformes à celles où conduisent les enseignements de la méthode positive, bien qu'elles aient évidemment un caractère beaucoup plus grand de généralité, Herbert Spencer s'étant attaché à suivre dans tout leur développement les institutions politiques de l'Humanité.

En résumant finalement comme conclusion de cette étude les remarques faites dans les chapitres précédents, on ne pourra d'ailleurs que faire ressortir davantage cette conformité, et par là même y trouver de nouvelles preuves de l'exactitude de la méthode suivie et de son efficacité.

CONCLUSION

La méthode de Politique positive consiste essentiellement, comme on l'a vu dans le résumé fait au début de cette étude, à chercher d'abord quels sont, dans la suite des événements historiques se rapportant à une période déterminée, les principes et les idées qui ont exercé une influence prédominante.

C'est en rapprochant ensuite, pour mieux en voir l'enchaînement, les réformes et les institutions par lesquelles se sont successivement manifestés ces principes et ces idées, qu'on parvient à trouver les lois de leur évolution; lois qui consistent simplement à constater si, à partir d'un moment donné, l'influence qu'ils ont exercée a sans cesse été soit en augmentant, soit en diminuant.

De cette constatation même ressortent les lois de l'évolution sociale pour l'époque considérée, parce que, d'après le principe si nettement formulé par Auguste Comte : « Si, à partir d'un moment donné, l'influence exercée par un principe ou par une idée tend sans cesse à croître, c'est qu'elle s'exerce dans

le sens de la marche de la civilisation et que, par
suite, forcément elle finira par prédominer. »

Ce principe, qui contient en quelques lignes l'exposé de la méthode de Philosophie positive, montre
aussi quel en est le but et l'utilité. C'est quand,
grâce à l'étude et à la comparaison des réformes
accomplies, on est arrivé à en dégager les principales lois de l'évolution sociale pour la période
considérée, de pouvoir ensuite prendre ces lois pour
guides dans l'étude des réformes, qui restent encore
à accomplir.

En effet, comme ces lois, en raison même de leur
caractère de nécessité historique, agissent aussi bien
dans l'avenir que dans le présent et dans le passé, il
ne peut y avoir de vraiment pratique et on n'a, par
cela même, en réalité à tenir compte, en politique,
que des projets de réformes qui ne se mettent pas
en contradiction avec elles.

C'est ainsi qu'après avoir d'abord vu, dans la
première partie de cette étude, quels ont été les
principes et les idées qui ont exercé une influence
prédominante sur les progrès accomplis au cours de
ce siècle par la démocratie, on a ensuite cherché,
suivant la marche indiquée dans la méthode de
Politique positive, à dégager les principales lois de
l'évolution de la société actuelle. Pour faire ressortir
toute l'utilité de la détermination de ces lois, on s'est
alors finalement trouvé conduit, dans la seconde
partie de cette étude, à essayer de voir quelles sont,
parmi les plus remarquables réformes actuellement

proposées, — qui presque toutes en raison même de
la grande loi de l'évolution de la société actuelle
vers le régime industriel se rattachent actuellement
aux questions d'organisation du travail et de socialisme, — celles qui, en raison même de leur conformité avec les lois d'évolution précédemment constatées ont le plus de chances d'aboutir et méritent
aussi le plus, par suite, d'être réalisées.

Il suffit d'étudier sommairement, comme on l'a
fait précédemment, les principales réformes accomplies en France depuis la Révolution, pour se rendre
compte que dans l'organisation sociale comme dans
l'organisation politique, ce sont les idées d'égalité et
de liberté qui ont exercé le plus d'influence. Ce sont
donc à ces idées que doivent forcément se rattacher
les principales lois de l'évolution de la société
actuelle.

Si dans l'organisation sociale on n'a cependant
trouvé aucune loi d'évolution nettement caractérisée,
c'est surtout, comme on peut facilement le constater,
parce que la plupart des réformes faites au début de
ce siècle par les hommes politiques de la Révolution
étaient depuis longtemps devenues nécessaires. Pour
suivre dans leur évolution les principes qui ont
déterminé la condition des individus ou servi de
base à l'organisation de la famille dans la société
actuelle, il faudrait remonter beaucoup plus loin que
la Révolution et aller jusqu'aux origines mêmes de
l'ancienne société.

Dans l'organisation politique, au contraire, l'évolution des idées de la Révolution, bien loin d'être
faite, est encore en voie de s'accomplir, et c'est à
peine même si elle semble commencée dans certaines
matières qui, comme l'organisation du travail,
touchent à la fois aux principes de l'organisation
sociale et à ceux de l'organisation politique. C'est
donc là surtout qu'on doit pouvoir trouver en suivant
les enseignements de la Politique positive quelques
lois d'évolution nettement caractérisées.

On n'a cependant pu encore constater, comme on
l'a vu précédemment, aucune loi d'évolution bien
remarquable, en étudiant les principaux droits dérivés de l'idée de liberté, et connus sous le nom
même de libertés publiques, comme les droits de pétition, de réunion, d'association et la liberté si importante de la presse. Ces droits ont, en effet, surtout
servi, au cours de ce siècle, de moyens d'attaque ou
de défense, dans les luttes politiques si acharnées, que
se sont livrées les partis. Ils n'ont guère pu suivre
ainsi cette loi de continuité qui caractérise les lois
de l'évolution, et ce n'est que sous le régime actuel
que ces droits. réglementés dans de plus justes limites et affranchis de toutes ces mesures restrictives
qui les annulaient en réalité semblent enfin être
entrés dans la loi d'évolution qui en fera pour la
démocratie des conquêtes définitives.

Parmi les conséquences politiques dérivées de
l'idée d'égalité, beaucoup de principes sont aussi
susceptibles de prendre encore de grands développe-

ments. Si on considère l'égalité non plus seulement
au point de vue des droits, mais aussi au point de
vue des capacités, l'évolution de cette idée semble
bien loin encore d'être terminée. Elle conduit alors à
ce système des élections graduelles qui, pour l'admissibilité aux fonctions, remplacerait par l'élection le choix
des supérieurs, qui sous tous les régimes a toujours
donné lieu à tant d'abus. On attribuerait, par exemple,
l'élection des juges, non pas directement au suffrage
universel, comme on l'avait à tort essayé sous la première Révolution, mais seulement à ceux qui, en raison
même de leurs fonctions, comme les officiers ministériels, offrent de suffisantes garanties de compétence.
C'est ce système, de plus en plus généralisé et aboutissant ainsi à l'élection par les pairs, c'est-à-dire par tous
ceux qui, en raison même de leurs fonctions, peuvent
être considérés comme égaux en compétence et en
capacités, qui, comme l'a fait depuis longtemps remarquer un publiciste éminent, Prévost Paradol,
pourrait aisément permettre de donner à la démocratie ce principe propre de hiérarchie qui lui a
jusqu'à présent manqué.

En suivant, de même, dans son évolution le principe de l'égalité dans les impôts, on voit que, bien
que ce principe ait été proclamé dès le début de la
Révolution, cette évolution qui semble devoir s'effectuer dans le sens de ces idées vraiment justes et démocratiques, chercher le plus possible à joindre la
progression à la proportionnalité et empêcher des
impôts trop lourds de porter sur des objets de con-

sommation de première nécessité, ne fait en réalité
que commencer.

L'idée d'égalité devait cependant conduire au
cours de ce siècle à une loi d'évolution plus complète
et plus nettement caractérisée, celle qui a abouti à
une des plus importantes conquêtes de la démocratie, au suffrage universel.

On a vu précédemment, en étudiant dans ses
grandes lignes la politique suivie par les gouvernements qui se sont succédé en France depuis la Révolution, quelle énorme influence avait exercée
cette loi d'évolution du suffrage universel. Il a désormais fallu tenir compte en politique d'un principe
nouveau, dont cette loi d'évolution était la manifestation, le droit de souveraineté populaire ; et, comme
ce principe ne tendait à rien moins qu'à remplacer
les vieux principes de droit divin et d'hérédité, qui
depuis si longtemps servaient de base à l'organisation
politique de la société, ce changement n'a pas pu se
faire sans entraîner pour elle les plus grands dangers.

Les luttes acharnées provoquées par la revendi-
cation de ce principe de l'égalité politique remplis-
sent l'histoire de ce siècle. Les gouvernements qui
n'ont pas voulu faire au peuple une part assez
grande de souveraineté ont été successivement ren-
versés ; ceux, au contraire, qui prétendaient uniquement s'appuyer sur la volonté du peuple, dont l'éducation politique n'était pas encore faite, n'ont pas
tardé à tomber dans des excès de liberté, qui aboutissaient à l'impossibilité même de gouverner, et

alors de nouveaux revirements d'opinion se produisaient.

Les lois d'évolution des idées nouvelles n'en suivaient pas moins leur cours, et, en raison même du caractère de nécessité des lois de l'évolution historique, elles devaient forcément finir par l'emporter. C'est ce qui est arrivé pour cette grande loi de l'égalité politique, que près d'un demi-siècle d'exercice du suffrage universel a dès maintenant définitivement consacrée.

Ce caractère de nécessité des lois de l'évolution historique, auquel on vient de faire allusion, permet de résoudre très simplement une question qui, quand on ne s'appuie pour en trouver la solution que sur ses préférences personnelles ou sur de vagues considérations théoriques, donne toujours lieu à de nombreuses controverses et à d'interminables discussions; celle de savoir quelle est la meilleure forme de gouvernement.

D'après les enseignements de la politique positive le meilleur gouvernement est toujours, en effet, celui qui existe actuellement; car, par cela même que les lois d'évolution ont conduit au régime existant, c'est qu'il en était la résultante nécessaire et que, mieux que tout autre, ce régime répond sinon aux aspirations de tous, du moins aux véritables besoins.

Il est vrai que cette solution ne peut guère convenir à ceux qui en général se livrent à cette

11.

recherche abstraite de la meilleure forme du gouvernement. Ce dont ils s'occupent, en effet, c'est
beaucoup moins du présent que de l'avenir. Au lieu
de chercher à porter remède aux vices de l'organisation actuelle, ils aiment beaucoup mieux construire
de toutes pièces un nouveau système, qui n'est plus
alors en rapport ni avec l'état des mœurs ni avec les
véritables besoins; et c'est de là que naissent ces
utopies qui, en France surtout, promettent si souvent
la perfection en politique, mais qui conduisent si
peu à la réaliser.

La méthode de politique positive d'Auguste Comte,
bien qu'elle soit aussi bien basée sur le caractère de
continuité des lois de l'évolution sociale que sur leur
caractère de nécessité, et qu'elle permette, par suite,
de rattacher l'avenir au passé, ne tombe cependant
pas dans ces dangereuses utopies.

Elle résoud bien la question de savoir quelle est
actuellement la meilleure forme de gouvernement
par le caractère même de nécessité des lois de l'évolution historique; mais elle se déclare impuissante
quand il s'agit de chercher non plus ce qu'elle est,
mais ce qu'elle pourra être dans un temps indéter-
miné. Il s'agirait alors, en effet, de trouver la résultante de lois d'évolution qui, par cela même qu'elles
ne se sont pas encore manifestées, ne peuvent être
constatées, et on ne pourrait aboutir évidemment
ainsi qu'à une impossibilité.

Ce que peut au contraire faire à juste titre la
méthode de politique positive, c'est établir des rap-

ports de concordance entre certaines données et des
lois d'évolution nettement déterminées; et c'est ce
qui permet en pratique de chercher, au lieu de
s'abandonner uniquement à l'esprit de système,
quels sont parmi les projets de réformes proposés
ceux qui ne se mettent pas en contradiction avec les
lois d'évolution et qui, par cela même, peuvent le
mieux répondre actuellement aux besoins de la
société. C'est en restreignant ainsi les enseignements
de la politique positive à ce qu'ils ont d'indiscutable
et de vraiment scientifique, qu'on a essayé de voir
dans la seconde partie de cette étude quelles sont,
parmi les réformes proposées dans ces questions si
importantes à l'époque actuelle de socialisme et
d'organisation du travail, celles qui sont le plus
conformes aux lois d'évolution qu'on avait précédemment constatées et qui, par suite, méritent le
plus d'être prises en considération.

La conclusion qui ressort le plus nettement des
citations et des remarques qu'on a ainsi faites, c'est
qu'au lieu de se refuser à tout examen de parti pris,
comme le font encore tant de personnes poussées
par un dangereux aveuglement, il faut dès maintenant admettre, en ce qu'elles ont de vraiment juste,
les revendications des systèmes socialistes. Il ne faut
pas hésiter à demander, comme eux, le développement des associations coopératives et de toutes les
institutions, qui ont pour but d'arriver à une rémunération plus juste du travail. Il faut surtout aussi
reconnaître, comme moyen seul vraiment efficace

d'en assurer le fonctionnement, le crédit fait aux associations. On se rattache ainsi de préférence aux écoles socialistes françaises; mais, pour ne tomber ni dans le communisme, ni dans l'hypothèse tout aussi utopique du crédit gratuit, on admet, comme les expériences faites l'ont dès maintenant suffisamment prouvé, qu'il faut protéger ces associations contre les abus de la concurrence. C'est ce qui conduit alors forcément au rétablissement des corporations, en n'entendant évidemment par là que l'organisation de monopoles en rapport avec les besoins nouveaux de la civilisation.

Il reste pour vérifier cette conclusion, suivant les données de la Politique positive, à voir si elle répond bien en réalité aux besoins, et si elle n'est pas en contradiction avec les grandes lois de l'évolution actuelle.

On se trouve, tout d'abord, forcé de reconnaître que, du moment qu'on cherche d'une manière quelconque à empêcher les abus de la concurrence, on porte par là même atteinte au principe de la liberté du travail. Mais il reste aussi à savoir si la concurrence illimitée n'est pas une exagération dangereuse du principe de liberté, et si on ne devrait pas, dès maintenant, chercher à réagir efficacement contre elle. C'est ce qu'on croit pouvoir justement conclure de l'ensemble des remarques faites dans cette étude, qui ont si souvent permis de constater les abus si graves, que la concurrence tend de plus en plus à entraîner. En réagissant contre ces abus, on ne ferait, d'ailleurs, que ce qu'on a vu précédemment, qu'il avait déjà fallu faire pour les principes de l'égalité dans les impôts et de l'égalité dans les peines, qui, malgré leurs apparences de justice, conduisaient en pratique à de si injustes conséquences. Ces exemples, auxquels tant d'autres pourraient être ajoutés, prouvent que le rétablissement des corporations, au lieu de marquer, comme on ne peut manquer de l'objecter, un retour en arrière, sera au contraire, par cela même qu'il pourra mettre fin aux abus de la concurrence, la réalisation d'un nouveau et important progrès. Il suffit, pour s'en convaincre, de comparer l'organisation actuelle du travail à ce qu'elle était dans l'ancienne société.

Il ne s'agit évidemment pas, quand on parle maintenant de revenir aux corporations, de proposer de rétablir les anciens règlements, les jurandes et les maîtrises. Il y avait là des institutions qui ont autrefois incontestablement rendu de grands services aux travailleurs, en leur permettant de grouper leurs forces pour mieux se défendre contre les déprédations des seigneurs. Mais, quand la monarchie fut assez forte pour empêcher ces abus d'autorité, par là même les corporations sous leur ancienne forme perdirent leur principal caractère d'utilité. Elles se sont cependant longtemps encore conservées, parce que leur organisation propre modelée sur l'ancienne organisation sociale tendait de plus en plus à se baser comme elle sur le principe d'autorité. C'est aussi d'ailleurs pour cela que les abus,

qui étaient sans cesse commis au nom de ce principe
d'autorité et qui devaient finir par entraîner la
chute de la monarchie, se firent aussi beaucoup
sentir dans l'organisation du travail. Avant la Révolution, ces abus étaient devenus si manifestes que,
pour empêcher les bouleversements qu'il sentait inévitables, un des plus grands ministres de la monarchie, Turgot, essaya, comme on le sait, d'y mettre
fin en promulguant le célèbre édit de février 1776,
qui supprimait les corporations.

Il suffit de se reporter à l'admirable rapport de
Turgot, pour voir de quelles dispositions bizarres
et tyranniques étaient alors remplis les règlements
des corporations ; mais on s'aperçoit bien vite
aussi que la plupart de ces abus tenaient bien moins
aux défauts du système de l'organisation corporative du travail qu'aux entraves de toutes sortes qui
lui avaient été apportées par les abus d'autorité.

Pour trouver le principal vice du système, il faut
remonter à un édit de mars 1691, qui supprime les
élections des maîtres et gardes des corps des Mar-
chands, ainsi que celles des jurés, syndics ou prieurs
des Arts et Métiers, et érige toutes leurs charges en
offices héréditaires. Cet édit, qui faisait ainsi en réalité du droit au travail une pure concession du pouvoir royal, avait un caractère entièrement fiscal. Ce
qui le prouve, c'est qu'en moins de dix-huit mois
40,000 offices furent créés et vendus au profit du
Trésor public. Pour la collation des grades, la pro-
motion aux dignités, les droits de mutation, le gou-

vernement imposait en outre des droits considé-
rables.

Ces mesures pouvaient être bonnes pour remplir
les caisses du Trésor et lui permettre de satisfaire
aux prodigalités de toutes sortes de Louis XIV,
mais elles devaient forcément entraîner pour l'organisation corporative des métiers les conséquences
les plus funestes. A mesure que les dépenses des corporations augmentèrent, les frais de production augmentèrent aussi et renchérirent les denrées ; ce qui
entraîna bientôt par contre-coup la diminution
de la consommation et celle de la production.

Avec la création d'une foule de charges inutiles
augmentèrent aussi les sources de contestations et les
querelles. Les gens de justice ne devaient pas, il est
vrai, s'en plaindre, puisqu'on a pu évaluer sans
exagération à 800,000 livres la somme que dépen-
saient annuellement en procès les corporations;
mais le mode d'organisation du travail devenait
aussi forcément de plus en plus défectueux.

Il est évident qu'en tenant compte des besoins de
l'époque actuelle, il ne peut nullement être question de rétablir la vénalité des charges au profit de
l'Etat. Le principe moderne n'est plus de tout ramener à l'autorité royale, mais de faire au contraire
tout dépendre de l'élection. C'est d'ailleurs aussi
autrefois ce dernier principe qui avait longtemps
servi de base à l'organisation des corporations, et
c'est ce qui prouve combien elles pourraient encore
facilement répondre aux aspirations nouvelles.

A côté des taxes trop lourdes imposées par l'Etat, Turgot s'attache encore, il est vrai, dans son éloquent rapport, à signaler bien d'autres abus. Ce sont des conséquences injustes du principe d'hérédité, qui entraînent l'exclusion de la maîtrise pour tous autres que les fils de maîtres ou ceux qui épousent leurs veuves ; ou bien même des conséquences d'un caractère non seulement injuste mais immoral, comme celles qui dans certains métiers excluent les gens mariés de l'apprentissage. Comme on le voit, tous ces vices d'organisation dérivent toujours des mêmes nécessités factices de hiérarchie héréditaire ; et ils ne pourraient sûrement se reproduire maintenant, parce qu'ils répondent à un état de civilisation tout autre que celui de la société actuelle.

Ce qui semble, au contraire, pouvoir être d'une aussi grande utilité maintenant qu'autrefois, ce sont les avantages qu'offraient les corporations : entre beaucoup d'autres, il est incontestable qu'elles tendaient à relever les professions industrielles et à réhabiliter le travail, au lieu de n'en faire qu'une marchandise, comme le reprochent justement les socialistes au régime industriel actuel.

Les corporations offraient aux artistes et aux ouvriers habiles toutes facilités pour montrer et développer leur talent. Au lieu d'aboutir, comme la concurrence, à l'écrasement des faibles par les forts, elles leur servaient au contraire de refuge, et toutes ces mesures de prévoyance, comme les secours aux veuves et aux orphelins, les caisses de retraites, qui dans les sociétés modernes deviennent des charges si lourdes et qui, en raison même de l'étendue des besoins, restent forcément insuffisantes, découlaient autrefois tout naturellement de l'organisation même des corporations.

On voit donc ainsi qu'en rétablissant les corporations et en leur donnant pour base, comme à leur origine, le principe de l'élection, qui est aussi devenu maintenant le véritable fondement des institutions démocratiques, bien loin sans doute de donner lieu à tous les anciens abus, elles permettraient au contraire d'arriver promptement à une nouvelle organisation du travail, qui répondrait bien mieux aux aspirations et aux besoins de la société actuelle que le régime de la concurrence.

Le principe de l'élection pourrait ainsi progressivement s'étendre de l'organisation politique à l'organisation sociale tout entière ; et, grâce à lui, la démocratie aurait trouvé ce principe propre de hiérarchie, qui lui a jusqu'à présent manqué et qui lui est cependant nécessaire, comme le prouve surabondamment l'exemple de toutes les civilisations, qui sont arrivées dans l'histoire à un haut degré de développement.

En cherchant ainsi à étudier dans leurs principales conséquences et en suivant les règles de la méthode de politique positive, les idées et les principes de la Révolution, on a sûrement pu souvent se tromper.

Il faut, en effet, dans la politique expérimentale comme dans les autres sciences et même bien plus encore en raison, du peu de précision des données qui tend forcément à augmenter les causes d'erreur, tenir grand compte du savoir et du mérite de celui qui fait l'expérience.

Mais cette étude, malgré son insuffisance, aura rempli son but, si elle peut servir à montrer de quelle utilité est la détermination des lois de l'évolution historique. Ce qu'on a surtout cherché à faire ressortir, c'est que, quand ces lois sont nettement constatées, comme après avoir agi dans le passé, elles agissent encore dans l'avenir, on peut y trouver de bien plus précieuses indications sur les besoins à satisfaire et les réformes à accomplir, que dans tous ces systèmes conçus *a priori* et le plus souvent utopiques, qui promettent toujours la perfection en politique, mais qui conduisent si peu à la réaliser.

C'est ainsi qu'on peut dire justement que les enseignements de la Politique positive servent à compléter ceux de l'histoire, et ce sera toujours, sans doute, un des plus beaux titres de gloire d'Auguste Comte aux yeux de la postérité, d'avoir été le premier à les formuler et à montrer la route à suivre.

TABLE DES MATIÈRES

––––––

PREMIÈRE PARTIE

Principales lois de l'évolution sociale et politique de la démocratie.

DEUXIÈME PARTIE

Le Socialisme et les lois d'évolution de la démocratie.

Versailles. — Imp. Vve E. Aubert, 6, avenue de Sceaux.